U0579530

高校教育信息化管理与学生教育工作研究

蒋婧雯 ◎ 著

吉林出版集团股份有限公司

图书在版编目（CIP）数据

高校教育信息化管理与学生教育工作研究 / 蒋婧雯著

. — 长春：吉林出版集团股份有限公司，2023.7

ISBN 978-7-5731-4003-6

Ⅰ . ①高… Ⅱ . ①蒋… Ⅲ . ①高等教育－教育管理－
信息化－研究－中国 Ⅳ . ①G649.2

中国国家版本馆CIP数据核字（2023）第 142218 号

高校教育信息化管理与学生教育工作研究

GAOXIAO JIAOYU XINXIHUA GUANLI YU XUESHENG JIAOYU GONGZUO YANJIU

著　　者	蒋婧雯
责任编辑	滕　林
封面设计	林　吉
开　　本	787mm×1092mm　　1/16
字　　数	221 千
印　　张	12
版　　次	2023 年 7 月第 1 版
印　　次	2024 年 1 月第 1 次印刷
出版发行	吉林出版集团股份有限公司
电　　话	总编办：010-63109269
	发行部：010-63109269
印　　刷	廊坊市广阳区九洲印刷厂

ISBN 978-7-5731-4003-6　　　　　　　　　　　　　　定价：78.00 元

前　言

高校教育管理，不仅归属于管理学的范畴，也应归属于教育学范畴。高等教育作为教育的构成部分，当然会受到政治、经济、文化的制约与影响。自20世纪90年代初至今，我国的政治、经济、文化建设已发生了巨大的变化，高等教育也经历了扩招、体制改革、后勤社会化等一系列重大改革。毋庸讳言，与高等教育的其他改革相比，高校学生管理制度的改革相对滞后，直至2005年上半年，我国各高校的学生管理基本上沿用的是计划经济体制下的学生管理方式，各校制定的学生管理制度的法律渊源，仍然是中华人民共和国教育部1990年1月20日颁布实施的《普通高等学校学生管理规定》。这种高等学校学生管理制度落后于高等教育总体改革的后果是全国高校关于学生问题的诉讼不断，学生状告学校的事件引起了社会、媒体的广泛关注。正是在这样的背景下，2002年年底，教育部下达了人文社会科学重点项目"高校学生管理制度创新"。这个课题研究具有很强的针对性，即如何使现有的高校学生管理制度适应新的历史时期的新情况、新形势。

目前，高校信息化建设工作正在我国广泛地开展，一些高校也较早地开始了信息化建设，信息化工作已初见成效。为了更好地交流高校信息化建设和应用情况，帮助各高校在信息化过程中取长补短，进一步提高各高校的信息化水平，对高校教育信息化和教育管理的相关理论研究后出版本书，期望对正在进行信息化建设和准备进行信息化建设的各高校具有一定的指导和启示作用；同时，由于信息化建设是一个长期的过程，任务艰巨，需要各高校本身的不懈努力、交流探讨和相互借鉴。因此，我们希望本书对大多数高校的信息化建设工作者都具有参考价值。

蒋婧雯

2023年3月

目　录

第一章　教育信息化概述

21世纪,信息化技术已经进入飞速发展时期,渗透到人们生活中的各个方面,逐渐成为个体间进行交流、学习、理解世界的一种基本方式。信息化技术发展过程中的每一次飞跃都是人类文明史上的进步,当其逐渐构成个体日常生活的经验,改变个体社会交往的方式,即信息化技术已被大多数人掌控和使用时,便产生了引发教育变革的可能性。信息化时代下大学英语教学改革势在必行,本章主要围绕信息化技术和教育信息化进行简要描述。

第一节　信息化技术简述

一、信息化技术的概念

(一)信息化技术的含义

信息化技术的发展对社会的变革可以说有决定性的作用。那么,到底什么才是信息化技术呢? 一般来说,可以从广义和狭义两个角度理解信息化技术的含义。

广义上的"信息化技术"指的是用于管理和处理信息所采用的各种技术的总称。它包含一切感测、通信、计算机和智能及控制技术等。

从狭义的角度分析,更能体现信息化技术的功能和特点。

(1)信息化技术也可以称为"信息和通信技术"。它主要是应用计算机科学和通信技术来设计、开发、安装和实施信息系统及应用的软件。主要包括传感技术、计算机技术和通信技术。

（2）信息化技术也可以称为"3C"技术，即计算机技术（Computer）、通信技术（Communication）与控制技术（Control）的结合。

（3）信息化技术是指利用电子计算机技术和现代通信系统获取、传递、处理、显示、分配所有形式信息的技术。

（4）信息化技术也可以指应用管理技术，并在技术的、科学的、工程的原则下实现信息的控制、处理和交流，以及人与计算机的互动。

从上述这些定义中可以看出，信息化技术的核心是电子计算机技术，并在其他通信技术、多媒体技术及工具的共同作用下，实现信息的获取、处理、传递、储存、输入、检索、再生、转换和交流等。

（二）信息化技术的"四元素"

信息化技术是为人类服务的，是人类为了更好地认识与了解自然，赢得更多更好的生存机会和生活条件而发明创造的。从这个意义上讲，信息化技术是为了扩展或加强人类的信息器官的功能而存在的，这也是信息化技术的本质意义。

人类的信息器官通常可以分为以下四类。

（1）感觉器官。如听觉、视觉、触觉等，主要功能是获取信息。

（2）传导神经。包括导入与导出神经网，主要功能是传递信息。

（3）思维器官。指具有推理、联想、记忆、分析等功能的器官，主要功能是加工和再生信息。

（4）效应器官。如用来讲话的口、可以行走的脚或用于操作的手等，主要功能是施用信息。

因此，与人类的信息器官相对应，信息化技术也应包含获取、传递、加工、再生和施用等功能。由此可以看出信息化技术的四项基本内容，即信息化技术的"四元素"：感测技术、通信技术、计算机和智能技术及控制技术。

1. 感测技术

感测技术延长了人类的感觉器官功能。它主要包括传感技术、遥测技术、测量技术、遥感技术等。

2. 通信技术

通信技术延长了人类的传导神经网络功能。这种技术能够突破空间上的限制，帮助人们更有效地传递、交换和分配信息。

3. 计算机和智能技术

计算机和智能技术使人类的思维器官功能得以延长。这是以硬件技术、软件技术为主的计算机技术和人工智能技术的结合，对帮助人们更好地加工和再生信息有重要的意义。

4. 控制技术

控制技术是人类效应器官功能的延长。它可以通过输入指令，即输入决策信息，实现对外部事物运动状态的干预，也就是具有信息施效功能。

信息化技术"四元素"之间既相互独立，又有机结合，以整体的形式共同拓展人类的认知空间。具体来说，信息化技术的核心是通信技术和计算机与智能技术，二者是信息化技术存在的基础；感测技术和控制技术则是联系信息化技术与外部世界的纽带，感测技术是信息的来源，控制技术是信息的归宿。这两者则是信息化技术实现其基本作用的前提。

此外，信息化技术体系中也包括四个基本层次，分别是主体技术层次、应用技术层次、支撑技术层次和基础技术层次。

在当今社会中，信息化技术已成为发展最迅速、应用最广泛、影响最深远的领域之一。它在改变人们生活方式、教育方式和学习方式的同时，对整个社会的经济与生活结构也产生了巨大的影响。

二、信息化技术的发展

信息化技术的发展经历了从无到有，从简单到复杂，从具体到抽象的过程，从初期较烦琐的数字运算，到19世纪电报的发明，再到20世纪第一台计算机的诞生，信息化技术不断推动着人类历史向前发展。

（一）初期信息化技术

在人类发展的初期，是没有技术和科学的，为了满足交流的需要，人类开始利用感觉器官传递信息，如眼神、手势、声音、动作等，再经过大脑的加工和记忆，实现信息的存储。在这一阶段，人类是在自然状态下完成信息交流的。

人们渐渐发现，与利用声音传递信息相比，利用光进行信息传递的方式更加有效和快捷。于是，就出现了利用烽火传递军事信息的形式。

信息传播史上的第一座里程碑便是文字的出现。从此，人类可以较大规模地记录信息，并长时间保存，甚至可以用书信的方式交流感情，传递信息。

印刷术的发明对推动人类文明的进步产生了重要的意义，它不仅急剧扩大了各种信息传递的范围，加快了信息传递的速度，还进一步加强了信息和存储能力，在一定程度上实现了广泛的信息共享。

数字和运算的出现和使用则是信息加工技术的雏形。人们开始利用抽象的数字符号对各种具体化的、形象性的、复杂的自然信息进行记录和处理。这一时期的人类已经具备了认知世界的抽象能力。信息加工和处理的技术是与物理、化学、数学等科学技术融合在一起的，共同作用于信息的加工和处理上，这也是顺应社会进步和历史发展的必然选择。

（二）近代信息化技术

进入 19 世纪后，信息化技术发展的速度越来越快。工业革命时期是信息化技术飞速发展的时期。1835 年，莫尔斯（S.F.Morse）发明了电报。电报的发明改变了传统的信息传播方式，人们开始利用电来传递信息，这极大地加快了信息的传递速度。同时，也实现了科技发展的重大突破。1837 年，莫尔斯电码的出现使得莫尔斯电磁式有线电报问世。

1876 年，贝尔（A.G.Bell）发明了电话机。电话的出现是信息化技术在通信领域的一大进步，人们开始用电流传载声音信息，这对于提高信息传递的便利性和交互性有重要的意义。1878 年，人工电话交换局出现。1892 年，史瑞桥自动交换局设立。

1912年，美国Emerson公司制造出世界上第一台收音机。1925年，英国人约翰·贝尔德发明了世界上第一台电视机。19世纪末至20世纪初，人类已经能够通过电话、收音机、传真、电视等所收发的电磁信号进行信息的传递，声音、文字、图像等信息都可以转换成电信号，然后负载在无线电波上传送出去。这一时期，人们可以通过无线电收听广播。通过电视节目了解世界的变化。信息的及时性和更新的速度都有了较大的提高。同时，磁带、录像带等存储介质的出现也改变了传统信息的保留和存储形式。

19世纪中期至20世纪中期，可以称为"近代信息化技术时期"。这一时期，电磁波取代了纸在信息传输媒介中的主体地位，人们的信息交流突破了空间和环境的限制，变得可听、可看。

（三）现代信息化技术

20世纪40年代，世界上第一台计算机诞生，标志着人类进入了现代信息化技术时代。这一时期，信息化技术的形式和内容都得到了极大程度的丰富，不仅包括计算机技术、通信技术、微电子技术，还包括网络技术、集成电路技术、自动化技术、光盘技术等。信息的加工和处理方式也更加多样。

1. 计算机技术

第一代计算机使用电子管，体积较大，存储容量小，运算速度也较慢。

20世纪50年代以后的计算机使用晶体管，与第一代计算机相比，体积小，运算速度快。

20世纪60年代以后，计算机开始使用集成电路，大大降低了制作成本。

20世纪70年代以后，计算机的发展出现了两种趋势，一种是巨型机，另一种则是微机。微机小巧、便捷、功能强大，价格也更加低廉。这些特点都极大地推动了计算机的普及。例如，1977年苹果公司设计的Apple n微机和1981年IBM公司（International Business Machines Corporation，即"国际商业机器公司"）设计的个人微机等。

20世纪90年代以来，多媒体技术发展迅速，更新了信息传播的方式，拓展了信息交流的渠道。它通过丰富的音频、文字和图像等信息，使人机交互更加畅通、便捷。此外，多媒体技术还实现了计算机与多种家用电器，如电视机、录音机、录像机、电话、电唱机等之间的信息管理和调控，为智能家电的发展提供了必不可少的技术支持。

2. 微电子技术

集成电路技术的不断发展和完善促进了微电子技术的产生。微电子技术是建立在以集成电路为核心的各种半导体器件基础上的高新电子技术。它的特点是体积小巧、轻薄，可靠性高，工作速度快，使用这种技术的目的便是将仪器微型化。微电子技术的产生和应用对信息时代具有巨大的影响。

20世纪60年代，出现了电脑芯片，即利用原子束、电子束和X光束技术，将上百万个电子元件"安"放在一块芯片上。1971年，世界上第一块单片式微处理机诞生。

微电子技术的发展对推动计算机技术、通信技术、网络技术的迅速发展有重要的意义，是一个国家科技实力的体现。对微电子技术进行衡量主要有以下三个标准。

（1）芯片中器件结构的尺寸是否缩小。

（2）芯片中所包含的元器件的数量是否增加。

（3）设计应用是否有针对性。

3. 通信技术

20世纪的通信技术得到了飞速的发展。通信技术是利用电或电子设施，传送语言、文字、图像等信息的过程。20世纪80年代后，除了电报、电话等通信设施外，还出现了移动无线通信、多媒体技术和数字电视等多种通信技术。同时，电报、电话等也向更高端、更智能方向发展，如智能电报、自动电话、可视图文电话、IP电话等。

近年来，随着网络技术的发展，以计算机为核心的信息通信技术（Information and Communications Technology，ICT）逐渐应用到社会生活的各个领域。这一技术的发展和成熟是信息社会发展的必然趋势，也是满足行业间融合的必要选择。

现代通信技术有数字化、容量大，并与网络系统和计算机技术相结合的特点。进入 21 世纪，通信技术必然会向着更加智能化、宽带化、个人化、综合化的方向发展。

三、信息化技术的特征

综合来看，信息化技术的本质特征突出体现在以下几个方面。

（一）短周期

信息化技术的发展水平越高，信息产品更新换代的周期就越短。在开发信息产品的初期阶段，科技人员通过现代网络以及通信技术获取自己所需要的信息，在融入自身创造力的同时加快了产品开发的进度，大大提高了产品的质量。在信息产品的批量生产阶段，信息化技术同样为人们提供了现代化的生产手段，使得产品形成的时间缩短，如管理系统 MIS、计算机技术等的结合有效减少了产品生产的时间。

以前，一种信息产品的生命周期比较长，可使用十几年或者几十年，现在的信息产品生命周期大大缩短，有的只能使用几年或几个月。信息化技术背景下产品更新换代的周期变化是很明显的，现代市场所具有的竞争力导致产品的短周期更具有竞争上的优势。就增长速度来说，信息产品开发周期越短，增长速度越快。

（二）高智商

信息化技术依托大量的知识背景，通过高技术前沿的研究，将知识与智力通过密集型状态呈现出来。信息化技术的物化体现就是信息产品。大批科技尖端人才和高素质人才群体展开对信息产品的研究与开发，他们在这一过程中形成了竞争与合作的关系。通过这些人的努力，信息化技术得以不断进步与更新，新的信息产品不断出现，并且出现的周期越来越短。

在当前时代背景下，科技领域的各个层面都与信息化技术的发展与应用密切相关，如生命科学、新能源、航天航空、自动化等。其他科学研究往往通过信息化技术获取现代化的研究手段，促进自身的快速发展。随着网络、通信技术的发展与普及，信息化技术在整个社会的覆盖范围大大超过了其他科技成果。

可见，信息化技术已然成为当前科技发展的核心，其水平突出地反映了人们认识与改造世界的能力，不仅代表着先进的生产力，而且在一定程度上决定着劳动生产率的水平。除了高素质人才群体专注于信息化技术的开发与研究之外，其他领域中的研究也在不断为信息化技术的发展提出新的途径。在信息化技术发展领域中，高智商人才的大量聚集，必然促进信息化技术的飞速发展，从而将人类带入新的社会发展阶段。

（三）高投入

在信息化技术发展过程中，电子计算机、远程通信技术的结合带来了一场革命。信息化技术的主要内容包括信息的采集、处理、传递、存储、复制、维护等，集计算机技术、通信技术、微电子技术于一体。对于这一技术的研制与开发，每一个环节都需要投入巨资，从而支持整个项目的研制。信息化技术的高投入通常涉及以下三个方面的费用。

（1）配置精密仪器。

（2）消耗尖端材料。

（3）复杂的开发活动。

根据相关统计数据可知，世界上很多国家在信息化技术方面的开发上所投入的费用都是很大的，一般占到销售额的 5%~15%，是其他领域的 2~5 倍，如美国 IBM 公司将公司营业总额的 18% 都投入到信息化技术的研发过程中。

（四）高风险

信息化技术研发过程中所具有的高投入特征导致其具有高风险，这主要体现在如下三个方面。

首先，信息化技术研究具有不确定性。例如，企业为了建立公司的管理信息系统需要投入上百万元甚至几千万元的资金，同时还需要考虑每个部门的岗位情况，把握信息流动的内在逻辑，进而设计和制作出适合本公司的信息管理软件系统。然而，企业自身具有典型的动态性特点，这往往带来信息数据的多变与不稳定，定型决策很难形成，这些不利因素可能会导致管理信息系统不同程度地受损或崩溃。

其次，信息化技术从设计、开发到研制成功的概率比较低。综合来看，信息化技术领域中新产品研发成功的概率只有3%。换言之，信息产品开发不成功就意味着所投入的资金完全浪费了。

最后，信息产品受市场变化的影响，回报波动比较大。大规模甚至是超大规模集成电路制造企业的出现，一方面促进了巨额成本的生产，另一方面也导致很多旧产品制造企业被淘汰。从企业角度而言，信息化技术企业的生存率远低于其他类型的企业。因此，信息化技术所具有的高风险性带来了一种新的经营形式，即风险投资。

（五）高竞争

在当前社会，信息化技术是社会生产力水平的重要反映，不仅可以体现某一个企业的经营水平，而且可以反映一个国家的综合国力，是政府、企业等关注的焦点之一。与传统竞争相比较而言，信息化技术的竞争突出表现在掌握与利用信息化技术上。

在信息化技术的支持下，世界上的信息流量激增，这些给计算机和网络在加工、处理、存储、传递信息时带来了很大压力。在国际领域内，很多国家都将信息化技术作为竞争的关键手段，各个国家在技术、人才、贸易、投资、货币等方面的竞争从本质上而言其实是信息化技术的竞争。因此，在国际上，信息化技术的竞争形成了美、日、俄、欧共体及发展中国家和地区多角并举的格局。

第二节 教育信息化的内涵与特征

我国早在十多年前就提出了以教育信息化引领教育现代化的发展战略，近几年教育信息化的引领性战略地位越来越凸显。那么，教育信息化的内涵是什么？有哪些特征？这些问题的研究对于我们未来教育的发展有着重要意义。

一、教育信息化的内涵

（一）教育信息化的概念

20 世纪 60 年代，日本提出了"信息化"这一概念。信息化的概念最早是由日本学者从社会产业结构严谨的角度提出的，其实它是一种社会发展新阶段的新学说。可以说，信息化是一个内涵深刻而且外延广泛的概念。从内涵上说，它包括两层意思：一是指信息的利用非常广泛，信息观念深入人心；二是指信息化技术产业的高速发展，信息咨询服务业的高度发达与完善。从外延上说，信息化是指一个国家或者地区的信息环境。作为一种社会发展的趋势，信息化即社会经济的发展从以物质和能量为经济结构的重心，转向以信息为经济结构的重心；在这一过程中，国家会采用现代的信息化技术装备国民经济各部门和社会各领域，从而大大提高社会劳动生产率。当前，信息化已经成了衡量各国经济运动质量与效率的一项重要标准，也成了综合国力的一个重要标志和国际竞争力的焦点。

一个系统的信息化建设应该涉及与其适应的基础、核心、目的和保障机制等方面。张豪峰认为，整个信息化系统应该包括六个要素：信息资源，信息网络，信息资源的利用与信息化技术应用，信息化技术产业，信息化人才，信息化政策、法规和标准。其中，信息网络是基础，只有建设先进的信息网络，才能充分发挥信息化的整体效益；信息资源为核心，是信息化建设取得实效的关键；以信息资源的利用为目的，集中体现了信息化建设的效益；信息化产业，信息化人才和信息化政策、法规及标准是信息化的支柱，是信息化有力的保障。教育信息化就是将信息作为教育系统的一种基本构成要素，且在教育的各个领域广泛地应用信息化技术，促进教育现代化的过程。

然而，由于新技术、新思想层出不穷，IT 发展迅猛。学术界对"教育信息化"的概念还没有形成统一的观点，但在政府各种文件、学校、教师、学生中已正式使用"教育信息化"这一概念，并且十分注重教育信息化工作的推进。

有的学者指出，教育信息化就是将信息作为教育系统的一个基本构成要素，并在教育的各个领域广泛利用信息化技术，促进教育现代化的过程。确切地说，教育信息化的过程中应该是高度重视对教育系统以信息化的观点进行分析，并在此基础上进行信息化技术在教育中的有效应用。

有的学者认为，教育信息化即以现代信息化技术为基础的新教育体系，其主要包括教育观念、教育组织、教育内容、教育模式、教育技术、教育评价、教育环境等的改革和变化。确切地说，教育信息化并非等同于计算机化或网络化，而是一个关系到整个教育改革和教育现代化的系统工程，是我国现有的教育体系适应信息时代对新一代公民教育的基本要求，是发展教育信息化的目的。北京大学刘晓镜博士曾指出，高等教育信息化就是要将信息化技术中的"多媒体技术""计算机网络""网上通信""远程通信"等先进技术广泛地应用于高等教育，使教育手段发生根本性变革。概括地说，高等教育信息化就是将IT整合到大学课程及教学的各个环节中，推动高等教育全面变革。教育手段的变革会对高等教育的各个层面都产生影响，最终促使高等教育现代化。

对于欧美国家，"教育信息化"这一概念的使用不是很频繁。这是因为"教育信息化"主要是东方国家如日本、韩国和我国对现代信息化技术运用于教育、教学过程及结果的抽象化概括。英语中，"信息化"的对应表达有Informatization，Informationalization，Informationization，不管哪种表达，都没得到西方国家的普遍接受。然而，"教育信息化"表达的内涵与西方社会现有热门用语的含义基本相同，只是前者是一种更注重事物过程的表述，后者则是更强调事物性质的表述。对比"教育信息化"与"信息化技术教育"二者的关系，前者是从信息化技术与教育的关系出发，描述有关信息化技术的观念、思想、设施、设备、知识和技能等来影响教育的过程和结果；后者则是从信息化技术与受教育者的关系出发，描述受教育者所接受的教育的性质或类别。可见，"教育信息化"与"信息化技术教育"是相互交叉的，但前者的概括度更高、包容性更强。

对于教育信息化的内涵，还体现在教育理念和模式上。下面简单进行分析。

1.教育理念的转变

（1）由培养"专才"转向培养"通才"

长期以来，教育界一直在争论这样一个问题：是实施"专才"教育还是实施"通才"教育。可以说，这一争论既涉及教育思想的问题，又涉及教育模式的问题。可以说，"通"与"专"是一组相对的概念，"通才"教育与"专才"教育也属于一个历史范畴。因为我国传统教育始终都是文理分科的，限制了专业的范围，也制约了学生在其他专业领域中的发展潜能，导致知识结构的不合理，从而造成人才素质的缺陷。随着现代科技的发展以及在生产领域的应用，从业者应该具备跨专业和跨学科进行研究和创造的能力，他们要熟悉政治、经济、历史等方面的知识和具有现代化的组织管理方法，要在有广泛知识的基础上成为一专多能的"通才"。此时，教育信息化就可为其提供待遇和保证。

（2）由义务教育转向素质教育

基于历史和现实的大环境，我国教育逐渐形成了以考试为主要手段、以升学为主要目的的办学机制。原本，考试应该是实现教育目的的一种手段，然而却被人为地一再强化，使其从手段变为目标，最终造成了学生高分低能、严重脱离社会实践、发展畸形、不能有效地适应现代社会需要等一系列问题。教育信息化概念的提出，使得信息社会对人才的素质提出了更高的要求，其对人才的培养起着定向和引导作用。

（3）人的全面发展与个性化发展相统一

在我国，对于人是要全面发展还是个性化发展一直是一个有争议的问题。归根结底，这一问题就是教育价值观的问题。马克思主义对人才培养的总目标以及对个体素质的整体要求都是人的全面发展。

因为将人的全面发展定位于社会主义事业建设者和接班人上，所以会特别强调人才培养的共性，于是出现了与之相适应的教学模式。然而现代化社会需要的是富有主体精神的、多样化的人才，而学生之间也存在着先天的生理差别与心理发展水平的差异，这些都是人的个性化的基础，教育也应与其相适应。教育信息化将会打破教育教学活动时空和教学模式的限制，充分激发学生的自主性，开发其潜能，利于社会发展需要与人的发展需要的辩证统一，利于使学生的个性发展达到状态。

2. 教育模式的更新

（1）开放化与学习社会化

随着多媒体技术、计算机网络、网上通信等技术在教育领域的广泛应用，教育发生了巨大变革。信息高速公路渗透到千家万户，随着交互式网络系统的覆盖和多媒体计算机的普及，远程教育愈加完善，整个社会逐渐联成一体。由于在有效的覆盖全球的计算机网络上的信息是开放的，因此人们可以自由地选择学校、课程和教师，学校与社会、学校与学校之间的界限会越来越模糊。教育信息化促使学校对社会的全面开放，学校与社会之间不会受到限制而互相融合。学校教育趋向社会化，而社会教育又趋向家庭化。学校与社会教育一体化，必然会使信息社会成为一个学习型的社会。

（2）个别化与教育终身化

现代信息化技术的广泛应用，为人们提供了灵活的学习方式，人们可以通过计算机网络打破时空和地域的限制来选择自己感兴趣的课程，从而实现随时随地的学习。现代信息化技术改变了学生在教学中的地位，能够主宰自己的学习进度，实现自主学习、充分学习和有效学习，使学习成为一种大规模和大容量各取所需的过程。多媒体教学软件和简单、方便的编辑工具，使教师可以对课程表做出相关安排，实施柔性的教学计划，不再用传统的知识组织和结构的观念来制订教学计划。学校的教学内容逐渐变成一些单元的体系。因为单元之间是可以互相调换的，所以学生可以根据自身的喜好、专业基础、研究方向和水平来选择适合自身的发展途径，使因材施教进入一个新的阶段。因为运用信息化技术能够将一切具有教育功能的机构联系和连接起来。融基础教育和高等教育、正规教育和非正规教育、学校教育和非学校教育于一体，所以为每个社会成员提供了进修和丰富知识的可能性，从而为终身教育的实现打下了基础。

（3）信息化与教学育人化

在信息化社会中，教师的角色发生了很大转变，由"独奏者"变成"伴奏者"。

教育模式的转变使教师的权威从建立在学生的被动和无知上变成借助学生的积极参与以促进其能力充分发展的基础上。因此，教育信息化要求教师从以下三个方面加以努力。

首先，教师要对学生的学习进行监控、评估和指导，帮助他们选择那些有价值的信息和课程，并通过计算机自由地与单个学生或小组共同工作，将注意力放在解决问题上，而不是单纯地授课。

其次，教师应积极参与课程软件的开发，因为课程软件的质量及适应性会影响其教学的质量。

最后，教师应对学生展开情感教育和价值教育，这种教育在信息社会是任何技术都无法替代的。因此，教师应在给学生提供恰当而充分的学习机会的同时，建立起师生之间稳定的情感关系，使教育真正实现以人为中心。

（二）教育信息化的内容

教育信息化是建立在网络环境下的一种教育趋势，它通过计算机及网络技术在教育中的应用，从而改变教育的传统模式，促进教育的全面改革，使之适应信息化社会对教育发展的新要求。人才是信息化建设的关键，技术基础结构、信息化对象和管理是信息化体系的组成部分，它们构成了教育信息化的四大要素。

1.教育信息化的人才

如果将教育看作一个"产业"，那么我们可以称之为超知识密集型产业，教育和教育信息化主要取决于教育人员的知识结构、创新精神和开拓能力，毫不夸张地说，人才是教育的生命，也是教育信息化的生命。然而，人才缺乏是信息科技时代一个普遍性的问题，在教育信息化过程中，这一问题显得特别突出，其主要表现为如下特性。

（1）人才需求的大量性

教育信息化建设的人才需求与教育本身的发展规模、发展规划及发展水平有关。近年来，教育的发展非常迅速，其规模不断壮大，中小学教育将逐步走向全面的义务教育，高等教育也有由精英教育向大众化教育发展的趋势，教育的规模扩大了。随着信息产业向教育领域的迅速进军，教育信息化建设已成为教育发展规划的一项重大举措，教育信息化建设的程度从侧面反映了教育发展水平的高低。基于这一新的形势，教育界对教育信息化人才的需求逐年增加，呈现出人才需求的大量性。

（2）人才需求的持续性

从时间的角度来看，教育信息化人才的需求在一定的时期内是持续的，这一点，无论是从教育本身的发展还是从信息科技的发展来看，都是一致的。

（3）人才需求的紧迫性

教育信息化人才需求的紧迫性在中小学教育中源自人才的稀缺性，在高等教育中源自教育竞争机制。在中小学校中，大多数学校只有一到两个计算机教师或者电算化教师，大多数教师对教育信息化建设知之甚少，更谈不上拥有信息化建设的专门知识。在高等教育中，由于高校之间的竞争机制即将或已逐步形成，一方面引起新一轮的人才争夺战，另一方面加速了信息化建设的竞争，这使高校对信息化人才的需求呈紧迫之势。

（4）人才需求的多样性

教育信息化建设所需求的人才一般不应是纯计算机科学与技术的技术人才，教育信息化是一个系统工程，人才需要的类型和层次呈多样性。通过分析发现，教育信息化人才主要有这样七个类型和层次的人才：领导型人才、规划型人才、技术实施型人才、组织管理型人才、开发维护型人才、应用教学型人才和评估分析型人才等。显然，我们不能简单地把这些人才的划分限定在一个对信息化知识掌握多少的结构层次上，它们的知识结构各有倚重，相互交叉。

（5）人才需求的专业性

教育信息化对人才需求的专业性，指的是在人才引进的同时，更需要不断地通过技术培训、知识结构的改造来提高在校教师的信息管理和信息化技术知识水平。教育信息化，并不只是单纯的 IT 硬件和软件加上若干信息化技术专业人员就能实现的，它需要全体教育工作者的积极参与。在当前条件下，只有在不同程度上全面提高全体教育工作者的信息化知识水平，才能有效地在数量和结构上解决信息化所面临的人才问题。可以这么说，理解人才的内向性问题并加以解决，是教育信息化建设成败之关键。通常我们会遇到这样的情况：教师（特别是非计算机和信息专业的教师）对信息化教育积极性不高，学校有了各种信息化教育条件（如校园网、计算机设备、应用软件、多媒体教室等），但没有多少教师来使用，更谈不上教师自己开发信息化教育软件（如 CAI 系统）了，这是为什么呢？究其原因，大多数情况是教师对信息化环境比较陌生，自己不懂这方面的知识，敬而远之。所以，要实现教育信息化，还必须实现教师信息化。首先是树立教师教育信息化的新观念，要使广大教师对由教育信息化所带来的教学手段的全面革新、教学内容的更高要求和教学管理的革命性要求做出充分的估计。其次是广大教师要获得对信息化技术进行利用的能力。应当指出，教师信息化是解决教育信息化人才需求问题的重要手段之一。

2. 教育信息化的技术

显然，离开现代信息化技术谈教育，那只是传统的教育，也就根本无所谓教育信息化，所以技术是一个基础的东西，教育信息化是建立于信息化技术的基础之上的。教育信息化的技术问题具有两层含义：一是信息化技术的应用，二是教育信息系统的建立。

（1）信息化技术的应用

教育信息化所依赖的信息化技术在飞速地发展，其技术能力也已今非昔比，应付教育信息化建设已绰绰有余，也就是说信息化技术本身的问题已不存在或是不重要了，关键在于信息化技术在教育信息化过程中的应用问题。具体来说就是要实现三结合：信息化技术与教学手段的结合，信息化技术与教学内容的结合，信息化技术与教学管理的结合。信息化技术与教学手段的结合，一方面是指学生在学习过程中，要充分利用信息化技术手段，改变学生原来的被动式学习模式，主动按照自己的兴趣和需求对知识进行快速检索，提高学习效率。同时还将改变理论学习与实践环节脱钩的局限性,通过多媒体技术将现实世界呈现在学生面前，让学生更好地理解知识，提高学生把知识还原成现实应用的能力。另一方面是指教师在教学过程中，要具有不断提高运用现代信息化技术的能力。信息时代的教学理论改变了以教为中心的传统教学模式，教师将成为学生自主学习的指导者、帮助者和启发者。这需要教师掌握信息化教学设计的方法，努力在工作中应用信息化教学手段，成功地扮演好教学舞台上的新角色；根据自己所教学科的特点，熟悉所教学科内容在互联网上的资源分布情况，以便帮助学生进行研究型、资源型学习；掌握教学评价的新方法，加强信息化环境下的教育科学研究，及时跟踪现代教育技术的发展，应用先进的信息化技术改进自己的教学方式和学生的学习方式。信息化技术与教学内容的结合，主要指的是通过现代信息化技术手段，改变传统单一的以文本表示知识的形式，用文字、图像、动画、声音、视频、图形等多媒体方式，恰到好处地表现将要传达给学生的知识，模拟仿真丰富多彩的大千世界、社会人情，使学生面对知识时犹如身临其境，闻其音，辨其色，究其源，真正有利于学生建构自己的世界观和人生观。同时，促进信息化技术与教学内容的融合，还将使学生认知知识的方式变得更自然、更人性化，打破传统的文本阅读、文字认知、人工检索的低效束缚，实现超文本阅读、多媒体认知、高效率电脑检索的重大变革。信息化技术与教学管理的结合，指的是教育教学管理工作者如何利用信息化技术手段，在学校内部和外部建立起顺畅的信息通道，充分调动一切教育教学资源，为学校的各项业务服务，以提高学校的管理水平和运作效率。通过实现信息化技术与学校管理的融合，教育管理者可以利用计算机和网络，依靠对教育资源的整合和实时的交互方式，通过远程教育平台为学生进行个性化的服务，并对部分学生进行跟踪，了解他们的学习情况；通过智能的信息收集和办公自动化，可以及时给教师或者学校在教学方面的问题予以指导和帮助；通过培训和考试的方式，进行教师资格的评定，有力地提高教师队伍素质；通过自动的统计功能和决策支持，协助进行教育管理政策、方针的决策，对学校的教育水平进行及时的调控。

（2）教育信息系统的建立

教育信息系统的建立涉及的技术问题不是单纯的信息化技术问题，因为教育信息系统不仅是一个技术系统，而且是一个包括人、管理手段在内的管理系统和社会系统，它是介于数据库处理和DSS（决策支持系统）之间的计算机及网络应用系统。建立教育信息系统应当考虑以下问题：一是教育信息化指导思想的确立，二是进行教育信息系统的总体模块设计。一般来说，可以考虑将教育信息系统划分为五部分，即教育信息化管理体系、教育信息化制度体系、教育信息化 IT 环境实施体系、教育信息化系统实现部分、教育信息化评估分析维护模块。显然，信息化技术的应用与教育信息系统的建立密切相关，教育信息系统从系统论、控制论的角度出发，把握了教育信息化的大方向和关键步骤，信息化技术的应用使教育信息系统得以从根本上实现，二者相辅相成。

3. 教育信息化的对象

一是教育教学内容的信息化表述，即信息化技术与教学内容的结合，主要指的是通过现代信息化技术手段，改变传统单一的以文本表示知识的形式，用文字、图像、动作、声音、视频、图形等多媒体的方式来表述知识，其关键是网络技术和多媒体技术在教学过程中的应用。这一工作是教育信息化的一个关键工作。泛而言之，任何教育教学的内容都可以信息化，但是，其程度和侧重点并不一样，有些内容做成电子教学软件是合算的，但有些内容是不合算的，这一点以前并没有引起人们的特别关注。可以采用两种形式来提高教育教学内容的信息化程度：购买和开发。但这两种方法都有其优缺点。购买电子教学软件，效率高，省事，但并不一定如意，这涉及制作软件者与需要软件者的相互沟通和合作，这样就演变成一个商业运作和市场需求的问题了。而开发电子教学软件，可以根据自己的具体需要来制作，教师进行自己课程的电子教学软件制作，可以和自己的学科、专业及课程密切地联系起来，但这需要我们的教师有较高的计算机软件开发能力，在短期内，这一开发能力仍受到限制。

二是教育信息化所针对的学校对象。它包括学校教育教学的各种对象，如师资、学生、教学、管理、体制、环境等。我们的问题并不是说某种对象该不该作为信息化的内容涵盖进来（因为这是没有异议的），而是说针对不同的对象如何进行信息化，即怎样使这些对象通过主动地或被动地改造，以适应教育信息化目标的新要求和新特点。

4.教育信息化的管理

高等教育信息化不是单纯意义上的"计算机及网络化辅助学校管理"，而应是教育的一个信息系统，是一个人机系统，是学校不可或缺的系统。所以如何用教育信息系统来进行学校管理和如何对教育信息系统进行管理，将成为十分重要的两个问题，这实际上是当前高等教育信息化建设所面临的核心问题。如何用教育信息系统来进行学校管理，实际上是建立在对学校管理需求和教育信息系统功能模块分析上的一项讨论工作，当前这一工作还处于一个探讨和研究的阶段，并没有一个普遍被人们公认的固定模式。从系统工程的角度来看，可以将教育信息系统划分为五个模块，即管理体系模块、制度体系模块、IT 实施模块、部门实现模块、评估维护模块；然后从每一个具体的模块出发，将其与学校运作和管理实际情况相结合，必将得到较好的结果。从上面的五大功能模块的讨论可以看出，对教育信息系统进行管理实际上是教育信息系统本身的内容和特点，具体来说，它体现在教育信息系统的评估分析和维护模块上。

由上可见，高等教育信息化的四大要素是构成"高等教育信息化"的基本内容，并对高等教育信息化建设起着决定性的作用。人才是高等教育信息化的根本要素，技术是高等教育信息化的基础要素，内容是高等教育信息化的关键要素，管理是高等教育信息化的核心要素。只有抓住了这些要素，充分认识到它们之间的关系及存在的问题，并在实践中认真分析和努力解决这些问题，高等教育信息化工作才能富有成效。

（三）教育信息化的任务

教育信息化是一项系统工程，涉及教育、教学及其管理的各个领域、各个方面、各个层次和各个环节。从教育系统自身来说，又包括基础设施建设、信息资源建设、技术人才队伍建设、应用系统建设和保障体系等的信息化建设。这些方面相互关联、相辅相成、相互影响，既互相促进，又互相制约。教育信息化绝不仅仅是硬件建设，更主要的是要在教育、教学和管理中广泛运用现代信息化技术，提高教育、教学和管理等方面的效率，以便更好地进行素质教育，为实现教育现代化服务。

教育的信息化也绝不仅仅是一般的教学手段和教学方法的运用问题，更重要的是把教育信息化建设与教育的改革和发展结合起来，把教育信息化建设作为推动教育、教学改革的重要手段和重要内容，逐步建立符合信息化社会所要求的新型的教育体制。根据世界教育信息化的发展趋势和我国的实际，教育信息化的主要任务包括以下四个方面。

1. 发展现代远程教育

现代远程教育是随着现代信息化技术的发展而产生的一种新型教育方式。充分利用现代信息化技术，通过实施"现代远程教育工程"，可以有效地发挥现有各种教育资源的优势，符合世界教育发展的潮流。这种开放式教育网的建立和终身学习体系的形成，必将为社会每一个成员进行学习提供机会和可能。在迈向 21 世纪的进程中，科学技术日新月异，知识更新不断加快，人们只有通过贯穿一生的不断学习，才能跟上时代发展的步伐，才能不断适应从事岗位工作或转岗的要求。同时，随着物质生活水平的提高和人们休闲时间的增加，人们渴望掌握更多的知识和技能，以完善自身和提高生活质量。

2. 实现教育的现代化

教育事业发展的根本出路在于改革，而改革的根本指导思想是坚持"三个面向"，其中"面向现代化"是最核心和最根本的。教育要面向现代化，就必须逐步建立适应 21 世纪社会经济发展和现代化建设需求的新的教育体系。教育改革和发展的内在动力，一方面来源于现代信息化技术和各种高新技术在教育领域的渗透和应用；另一方面来源于社会经济发展的迫切要求。正是基于社会经济发展和教育手段与方式的变化，从而为推动教育的改革和发展提供了有利的时机和条件。

3. 培养信息化人才

未来的知识经济时代，迫切需要一大批高水平的信息化人才，这是信息化社会经济发展的必然要求。政府行政管理、社会公共服务、企业生产经营要运用数字化、网络化技术，加快信息化步伐，必须充分发挥各级各类教育，特别是发挥高等教育在培养信息化人才方面的重要作用。必须适应国家各行各业实现信息化的需求，培养大批不同层次、适应各种专业的信息化人才，特别是高级人才、经营管理的复合型人才。同时，保护国家科技和经济安全，特别是信息安全，这些也对培养信息化人才提出了更高的要求。

4. 发展信息产业

知识经济的基本特征，就是知识不断创新，高新技术迅速产业化。信息产业的发展为人们认识世界和改造世界提供了前所未有的便捷手段，有效地促进了经济发展和社会进步。推动信息产业的发展，培养新的经济增长点，高等学校具有独特的优势。这主要表现在：有一支高水平的教学科研队伍；有一大批高水平的科研成果；有充分地开展国内和国际科技合作的条件和基础；有着与产业的直接联系和广阔的合作空间；在科技创新和社会服务中能够成为人才库、思想库。正是由于高等学校信息、人才和资源方面的雄厚优势和显著特点，从而为推动我国信息产业与有关文化产业结合，为培养新的经济增长点，起到了不可替代的重要作用。

二、教育信息化的特征

（一）信息处理的数字化

教育信息化技术系统的集成度高主要源于教育信息化的数字化。由于信息化处理信息仅使用两个代码，即 1 和 0，用于表示 1 和 0 的设备可以简单化，所以可以集成；数字化的设备系统性能可靠，标准容易统一；数字化处理的信息保真度高、存储量大、处理速度快等。

（二）信息传输的立体化

教育信息资源的共享可以通过立体化传输信息来实现。教育信息资源的共享包括两种：硬件的共享和软件的共享。软件共享如大容量的存储介质、网络教学资料等。教育信息传输的立体化可以实现教育活动时空不受或较少受到限制。

（三）信息系统的智能化

智能化就是在多媒体计算机技术中融入了人工智能技术，智能化系统结合认知心理学而构成的智能化教育信息系统，可以扩展人类的智慧，实现脑力劳动的自动化，也可以实现人机通信的自然化，重复且繁杂的任务可以由智能系统替代。

（四）信息的多媒体化

通过多媒体技术可以将单一表征信息的媒体集成起来，提高教育信息媒体设备一体化的程度；通过多媒体技术还可以使教学信息实现多元化、结构化、动态化，将原本复杂的现象变得虚拟化，将原本乏味的过程变得情景化。

（五）信息传播中学生地位的主体化

基于教育信息系统的智能化、信息的多媒体化和信息的可扩充化等特点，学生彻底摆脱了之前的被动接受式的学习方法，可以积极主动地建构知识，也可以与同伴或教师进行协商学习。

（六）学习资料共享化

教育信息化，尤其是全球教育网络的形成与发展，打破了传统教育资源封闭和垄断的状态，可以将全世界的教育资源连成一个信息的海洋，使全球教育资源的共享程度得到显著提高，从而有利于全球教育资源的充分利用和效益提高，有利于缩小国家、地区之间高等教育发展的差距。网络教育资源有诸多类型，如教育网站、电子书刊、虚拟图书馆、虚拟软件库等。

数字化即应用于教育领域的技术设备，操作简单，性能可靠，标准统一。网络化是指广泛应用以互联网为核心的综合信息服务体系，实现全球资源共享和教育时空无限。智能化即广泛使用以计算机为核心的现代教育媒体，实现教育过程的自动化。多媒体化指应用于教育领域的教育媒体是多种媒体的组合，以实现最佳的教育效果。

从学习过程上考虑，教育信息化是指个别化、开放式、交互式等。个别化是指因为信息化技术的发展与现代教育媒体的广泛应用，学生可以根据各自的理解、阅读和反应速度等调整自己的学习进度，在同一教学课程中，每个学生的学习进度可以不同。开放式是指学生的学习过程不受时间和空间的限制，学习资源全球共享，学习空间无限扩展。交互式是指在学习过程中，学生与教师之间可以相互交流，适时沟通。这里的教师，除了指传统意义上的教师，还包括计算机教学媒体。

从技术角度考虑，教育信息化的特征是数字化、网络化、智能化和多媒体化。数字化使教育信息化技术系统的设备简单、性能可靠和标准统一；网络化使信息资源可共享、活动时空少限制、人际合作易于实现；智能化使系统能够做到教学行为人性化、人机通信自然化、繁杂任务代理化；多媒体化使得媒体设备一体化、信息表征多元化、复杂现象虚拟化。

从教育角度来看，教育信息化的基本特征是开放性、共享性、交互性与协作性。开放性使教育呈现社会化、终身化、学习生活化、自主化。共享性是教育信息化的本质特征，其为教育教学提供了丰富的教学资源，大量的数据文件、档案资料、软件程序等丰富的教学资源形成了一个高度综合、集成的资源库，取之不尽，用之不竭。交互性指的是学习者可以向教师提问，可以与其他学习者交流，也可以围绕当前或当时的学习主题进行讨论，形成各自的观点，表达各自的理解，交流各自解决问题的不同思路，彼此分享解决问题的过程和成果，甚至可以相互答疑、分析和评价。协作性体现在教育者有更多的与他人协作和研讨的时间和空间，如进行计算机合作——网上合作；在计算机面前合作——如小组合作；与计算机合作——由计算机扮演同学角色；从而产生更多的合作机会。

第三节 教育信息化的意义

教育信息化不仅有利于提高教育质量和教育效率，有利于培养学生的创新精神和实践能力，而且从主观和客观两方面为学生的全面发展、全体发展和个性发展提供了条件和保障。这对培养新世纪国家现代化所需的创新人才具有极其重要的意义。

一、实现教育现代化的重要环节

教育现代化的必由之路和重要环节就是教育信息化。首先，当今世界教育改革和发展的共同趋势就是：以教育信息化带动教育现代化。可以说，没有教育的信息化，就无法实现教育的现代化，教育信息化对教育现代化有着巨大的促进作用。其次，教育信息化是实现国家信息化的基础。主要体现在两个方面：一是教育信息化是国家信息化建设的重要组成部分，甚至是战略重点；二是教育信息化是国家信息化建设的重要支撑，可以为其他信息化提供技术和智力方面的基础。

二、适应了社会经济发展的需要

教育信息化意味着将教育纳入战略发展重点和现代化建设的整体布局之中，真正将教育信息化作为先导性、全局性、基础性产业摆到优先发展的战略地位，其意义极为深远。教育信息化适应了社会经济发展的需要，具体体现在以下七个方面。

（1）教育信息化是培养适应信息社会要求人才的需要。

（2）教育信息化有助于推动通信技术的发展和应用。

（3）教育信息化建设是实现教育跨越式发展的重要手段。

（4）教育信息化有利于全体国民素质的提高，是实施素质教育的内在要求。

（5）教育信息化促进了创新人才的培养。具体来说，教育信息化为培养学生创新能力创造了有效途径。首先，教育信息化利用网络和多媒体技术可以给学生提供更加自由、灵活的探索空间，拓展了人们的视野，增强了实际创造力。其次，教育信息化可以打破教育环境的时空限制，打破教师和学生间的直接交流，提供了全新的教育模式。最后，教育信息化可以将外部世界引入课堂，使学生获得与现实世界较接近的体验，"教师＋网络＋学生"的新型模式激发了学生的学习兴趣，使"要他学"变为"他要学"成为可能。

（6）教育信息化是教育改革内在的必然要求。

（7）教育信息化是构建终身学习体系的必然要求。

三、有利于缩小地区间教育差距

从现阶段来看，我国教育信息化的重点主要是学校和专门的教育机构，主要内容包括在中小学普及信息技术教育、中小学"校校通"工程和高校"数字校园"建设以及现代远程教育等。从长远看，教育信息化的领域必然会延伸到家庭和社会的各个方面。其中家庭教育信息化和现代远程教育的实施，将为全体国民提供更多接受教育的机会，使受教育者的学习不受时间、空间的限制，真正实现学习型社会和终身教育目的，人人学习、处处学习、时时学习，保障每一个国民接受教育的平等性。并有利于从根本上消除由于地区之间经济发展的不平衡所产生的教育水平的差距，使全体国民的综合素质普遍提高。

四、有利于素质教育的实施和创新人才的培养

创新人才的基本特征是具有个性特色，善于独立思考，具有广博的知识，富有创新精神和创造能力，具有高尚的理想和道德情操，是全面发展与个性发展完美结合的人。

培养创新人才是素质教育的根本目标，教育信息化有利于素质教育的实施和创新人才的培养。

首先，教育信息化为素质教育的实施创造了良好的环境，使因材施教和个性化教学得以更好地体现。利用教育信息化的优良环境，可实现个别化教学、小组协作学习、远程实时交互的多媒体教学、在线学习、在线讨论等。使学生从过强的共性制约中解放出来，有利于发展学生的个人志趣，培养其个性特色。

其次，在信息技术环境下，一方面学生可根据个人志趣与个性差异对所学的

知识和学习进程在一定程度上进行自主选择，另一方面学生可对某一专题的相关内容通过信息检索、收集和处理，发现问题、解决问题，有利于丰富学生的知识面，培养其独立思考能力和创新能力。

最后，利用教育信息化提供的网络资源可将抽象的道理形象化，通过鲜明的形象感和对比，帮助学生识别假、恶、丑，树立真、善、美的情感，使学生将高尚的理想内化为自己的言行，直至形成良好的思想品德。

第二章　基础教育信息化建设综述

第一节　教育信息化理论概述

一、教育信息化的内涵和特征

（一）从微观和宏观定义教育信息化

从宏观来讲，教育信息化除了包括信息化的教学环境，还包括与现代信息技术相关的教学理念和教育政策及制度。从微观来讲，将信息网络与现代教学理论相联结，应用多媒体的网络技术创造适宜的学习环境，有利于更多的学生获取信息，掌握信息和高效地利用信息，以培养学生的教育信息素质。

（二）教育信息化具有开放性、共享性、交互性与协作性

开放性，是指教育信息化的冲击突破了传统的以学校教育为主体的现状，使教育变得更加自由和宽广。共享性，教育信息化的不断应用与推广，源源不断的教育信息优质资源为学校师生所运用，从而大大促进了教育教学的进一步发展；交互性，是指教育信息化的广泛应用，实现了人们随时随地接受教育的想法，从而缩短了师生之间、生生之间的距离，促进了学生与他人交际的范围；协作性，是指教育信息化为师生完成学习任务提供了更好的平台，从而为人人、人机之间更好地协作学习提供了机会，从根本上打破了传统教学模式。

二、教育信息化的要素

教育信息化体系主要是由这几个方面建构：信息网络、信息技术应用、信息化组织管理、信息资源以及信息化人才。

1.信息网络

现代教育的发展很大程度上依托于网络，信息网络成为必不可少的条件。信息网络是由互联网、多媒体教室、微机室、电子阅览室等。这些基础设施初具规模为教育信息化的实现提供了可能性。当前我国建成并启用教育科研网、中国卫星宽带远程教育网络、智慧校园、数字校园的建设工程、三通两平台的教育信息化网络等，同时，各个城乡校园初步建立的普通电子白板教室、多媒体教室、听力语音室、微机室、电子阅览室等基础设施资源已经大量投入课堂使用当中，而这些领域将是未来校园网络设备资源重点建设的落脚点。

2.信息技术应用

信息技术的作用领域是用来管理和进行信息收集时所使用的各项技能的综合领域，作为当今最活跃、最具有变革作用的技术类型，是经济增长的"倍增器"、教育发展的"助推器"。信息技术主要是将各类知识、信息数据化，并使用网络来传送这些资源。信息化的扩建是以20世纪90年代信息手段为根本出发点，信息技术的不断开发使用，推动了我国教育的发展，信息化范围的扩大。

因此对教育思想、教学观点、教学方式、教育内容及学习方式等变革都起到了很大的作用。信息技术的研究在教育领域的不断推广和升华，对教育信息化的推广效果显著，更重要的是可以将新的物态化技术和智能形态的技术在教学中具体使用，提高信息化教育的质量和效果。

3.信息化组织管理

信息化组织管理是指利用现代信息技术的手段和内容来支撑教育管理，制定出一系列的政策与法规，规范和协调信息化应用，不断加强教育信息化的组织机构、教育信息化的管理团队、技能团队、师生团的组建。同时，对教育人事管理以及考核都有一个明确系统的规定，最终支撑管理阶层的健康有序进行。

4. 信息资源

信息资源是企事业单位在进行内部治理运行时所用到的所有数据资料的统称。大部分单位其信息化发展的程度与信息资源的应用程度呈正相关关系，它贯穿于部门运行的整个过程，是部门信息化建设与发展的中心。信息资源在教育教学中的应用一般分为两个部分：教育软件资源和教育硬件资源。教育软件资源主要包括一些多媒体素材及课件、远程网络资料，主要是用于课堂教学和学生学习资源的收集、研究文献的查阅和教师继续学习。教育硬件资源主要是指在校园建设和课堂教学中所使用的多媒体设备等新型平台及媒介。

5. 信息化人才

在信息化开发与规划过程中，将信息技术的开发、应用、管理、维护统一于一体并进行相关作用的人员。我们一直倡导人才先行，这是任何一个战略领域都必须具备的一个条件，因此要加大对信息化人才的预备培养。教育信息化的高技能人员主要从两个维度去定义：一是指主要作用于教育教学、学校管理等过程中的一般型人员，主要肩负学校和教育机构的重任；二是指具有较高的信息素养和技术能力，专攻信息技术、网络资源课程的开发和创新以及信息设备的建设维修等专家型人员，他们是配合一般型人员的强有力的后盾保障。一般来说，对一般型人员的要求不高，具备一些获取信息的能力和操作能力即可；而对于专家型人员的要求就更加精准、明细，如进行信息软件的开发、网络资源的加工等高标准人员。另外，在基础教育过程中我们要将信息化放在一个重要的位置，同时注重对两类基本人员的建设，为我国未来教育培养合格的接班人。

第二节　教育信息化建设的主要领域

教育信息化建设包含以下几部分。首先是学校信息技术教育领域。主要是健全各类基础设施，扩大教学资源库，研发各科目的网络教材，同时对所有的学校教师进行综合的信息化知识和应用示范，并加速学科资源与信息技术相互融合。

其次是现代远程教育领域。主要包括在职教师培训，学生异地接受学习，在社会继续教育个体需求的激励下，教育信息化领域开发商针对这一现象研发的远程教育资源库建设和使用的各个环节，以网络学习资料的研发为主要的模块。最后是学校管理者和信息技术队伍培训领域，在信息化建设中，学校教育管理的完善与加强是信息化建设的首要任务，同时加强教育信息技术培训，扩大信息化队伍建设，进一步推动信息化教育向前发展。

第三节　国内外教育信息化建设战略经验和借鉴

首先，美国在信息化建设与应用方面一直名列前茅。自20世纪末，美国在信息建设领域取得了突飞猛进的发展，因此在教育领域也掀起了一波改革的浪潮，并于1996年始，平均每五年就制订一个有关国家教育技术方面的发展规划，倡导将信息技术与受教育者的学习结果相连接，使之成为学习的有效手段。同时厘定了教育信息化的七步骤原则与建议：强化管理阶层、预支扩建投资、进行师资示范、扶持网络化学习和虚拟学校、增加互联网端口、学习资源转向数据化、规范数字系统。在第二个国家教育信息化规划中，根据当时的国家教育发展程度，再次颁布一些教育发展的相关规定，明确教育革新的目的、方向和建设意见。有关国家信息化规划的统一落实，使美国在教育信息化方面的建设取得显赫成绩。与此同时，美国不断研发出教育装备学习资源，各州政府、教育部门联手当地教育机构，进行大规模的学习资料的统计和整合，将大部分的图书资料上传为网络资源。美国将教师的培训和建设资金投入作为重点规划的目标，加强师范院校建设，将教育技术应用纳入师范教育课程，制定相应的学业标准和教育者职业证书标准，并大范围开拓在线学习内容为教育者供给大批量的技能支撑。

其次，英国是一个经济发达国家，信息化水平也始终位居前列，自1995年宣布了"网络年"的五年发展规划，开始投放巨资进行教育信息化网络扩建，预计到 2002 年基础教育的人机占有比例大幅度提高，校园网络覆盖，大多数教师拥有个人电脑或便携式电脑，四分之三的教师和二分之一的学生拥有自己独立的 E-mail。英国于 1997 年创建了"虚拟教师——中心网站"，为教师信息能力教育等多方面的培训提供大量的辅助资源，壮大了高技能教师队伍。开发了有关教育者信息技能培训的在线资源，加大了教育者信息技术培训的力度，这一重任最终由各个教育机构和大学来担负，对教师培训的重点主要放在运用信息技术进行教学的能力培养上，并将在线培训、远程网络培训和书本资料与国家学习系统网络相联系。英国于 1998 年首次成立"国家学习系统"的教育门户网站，于目前为止已成为欧洲最大的教育门户网站，而且具备强大的搜索能力，并且与各学科配套的软件十分丰富，为教育者和受教育者提供服务。英国还将通信技术与其他各个学科课程相综合，此时，信息技术的应用在全国已经随时可见了。在英国国家课程标准中，各学科都将信息技能的应用贯穿于整个课堂教学中。《英国信息通信技术国家课程标准》明确提出，要让学习者在学习中自己主动应用信息网络资源和课程来帮助他们学习。在新千年里，在英国出现了"产业大学"，各教育部门及学校通过推行这一应用，使大部分人的学习有了显著的改变，主要根据学习者学习的任务将各类教育资源和信息网络及时有效地结合。

再次，在东方国家，如日本，在教育信息化方面也紧随欧美的步伐。日本在信息化扩建的过程中，通过政策的制定与实施，基础设备的全方位建设，信息资源及其在教育中的应用和推广等，均迅速地促进了日本的信息化发展进程。在政策推进层面，从 1994 年起为例实现信息化全面建设的目的，日本进行了大范围的改革，首先进行建设费用的投资，从而有效地促进了学校基础教育设施的建设与均衡，为所有年级的学生展现了一个优良的信息化学习交流的空间。在基础设施建设上，日本预计打造一个全方位多领域的信息化社会，为此国家政府肩负构建信息化环境的责任，民间的部分企业和个体研究者开发出用于教育教学的计算机软件，发布优质的网络教育信息资源。在培养优秀的信息初始化人员时，还注重信息网络的制作和流通。在信息化应用推进上，于 1999 年年底制订了《教育信息化实施计划》，预计到 2005 年所有的学习课程都要进行计算机和网络交叉式的授课。

最后，早在 20 世纪 70 年代末，新加坡在信息技术建设领域一直隐藏着巨大的潜力，对国际经济发展起到了很大的作用。并于 1980 年制订了第一个国家信息化战略规划（The National Computerization Plan）目标是"将新加坡建设成为一个信息技术支撑的智能化国家和全球化城市"。由于国土面积有限，自然物产资源贫瘠，新加坡把培养高技能人员作为推动国家进步的攻坚力量，随后几年通过发布基础教育信息化第二期、第三期发展规模的成型，有力地推动了新加坡教育信息化的进一步发展。并以"利用信息技术改变学校文化"的目标为导向，利用信息技术改变了校园文化和教育方式，将信息技术在教学中的应用，促进了学生的思考与自主学习。到 2008 年总结出"一切服务于让每个学生成才"教育创新理念，新加坡信息化发展随着国家教育方针的变更和教育理念的改变而不断更新。其教育指导方针和理念的变化始终驱动着信息化战略的演变。新加坡最终将基础教育信息化建设转移到信息化的应用方向上来，同时将信息化的重心放在促进学生学习，培养学生能力上来。纵观全球，每个国家在基础教育信息化发展与建设的道路上，大致从以下几个方面着手：政府支持，政策推进，加大基础设施建设，教育教学资源建设力度加大，资金投入比重加大等方面着手推进。但是，大多数国家只做了未来几年的大致规划，并无精细化的标准，因此，当务之急，我们要深入实际，摸索并制定一套切实可行的信息化建设标准。

第四节　国内基础教育信息化建设现状

我国信息化建设于 2001 年正式起步，通过战略规划、机构设置、资金支持、项目立新、考察评价等诸多措施在国家基础教育信息化投建方面取得了不菲的成绩，设备建设是信息化建设的第一步，同时信息资源库的不断更新，师生素养能力的加强等诸多信息化教育领域发生着深刻的变革。

一、基础设施初具规模

中国教育网络、国家信息科研网络以及中国教育卫星宽带传输等前沿信息网络互相串联，合力协作，形成了国家信息网络的多方位覆盖，并为现代远程网络的形成创造了条件，并陆续扩大范围，为基础教育信息化建设提供有效的构建基础和终生学习提供有力的保障。我国大部分地区的学校都开始大范围地进行互联网的介入，虽然成效参差不齐，但发达地区和西部地区、城乡学校互帮互带，形成良好的发展态势。据不完全统计，我国大部分地区学校人机占有比例已经有了大幅度的提升。大部分学校的教学环境教学质量都呈现出逐年上涨的趋势。

二、教育管理信息化

信息化在举国上下不断的推行实践中已经在课堂授课、学校管理、教育科研等多个领域加以重用，对学校教育信息化平台管理进一步推动，管理阶层的工作效率与服务水平取得明显进步。近些年来，伴随我国教育信息化管理的加速前进，信息技术与管理有效结合，并已经渗透到我国的考试与评价领域当中，由于考试业务和范围的日益扩展，以往的国家教育考试录取方式和管理能力再也无法顺应信息时代教育的需求，因此建立高效的教育评估体系和信息化安全监督平台，为每年教育各阶段各领域的数十万考生开通一条绿色通道，成为民主招录的主要方式和重要支撑。教育信息化工程的不断完善健全，对新时代教育的推行产生了关键性的成效。

三、缩小贫富地区教育信息化建设的差距

由于西部地区和农村地区因经济落后教育信息化无法普及，因此国家加强了对西部地区和农村学校的教育帮扶政策，力求以东中部地区带动西部地区，

以经济发达地区帮助贫困地区，协力均衡区域信息化教育。财务部、发改委、教育部等单位开始着手实施贫困地区高等教育学校的计算机信息修建项目、山区的学校实施远程网络信息项目等。通过将信息设备在不同层次投设，拉动山区、农村等区域的信息化教育发展。自信息化建设的上个十年初，我国在这一建设领域下拨三十多亿元的专款，在全国山区以及农村经济落后地区累计建成二十几万间多功能教室。在近七年的建设中进一步加大信息化建设投资力度，并及时开展对口支援项目，东部地区，大部分省市都积极响应，分享有效的信息资源，大部分学校通过内部统调统培的措施互相进步，这一系列的举措，在很大水平上缩小了区域、城乡之间的"数字差距"，促进西部区域和落后山区、村镇的信息化推广。

随着教育信息化发展荣获佳绩，"宽带网络校校通""优质资源班班通""网络学习空间人人通"等项目建设发展迅速，教育资源的广泛应用和教育管理系统的精细化运作，在很大程度上促进了教育改革和发展。通过加强信息技术在校园的使用，让村镇穷困地区和民族片区的学生无偿分享信息化学习资源，以使城乡之间，不同学校之间、不同地区，在信息化技术能力应用方面开创更新教育方式及观念。缩小区域、城乡、校际差距，同时教育运用信息技术的能力，创新教育理念和教学模式，大力推进这些地方的信息化综合发展和师生素养的加强。顺应"互联网＋"的趋势，通过实行教育技能和科学知识的共享，为确保创客、众创等诸多科研有计划地进行，为每个人的学习、终其一生的发展等理念起到了很大的作用。同时在全国范围内强化信息服务系统网，纵深变革，重创体制，有利于教育的综合发展和教务系统的健全。

教育装备作为教育信息化建设的物质基础，同时也是教育、教学信息得以高效流通的可靠保障。为了实现教改，促进教育信息化的进程，国家投入了大量的资金、人力和物力进行教学环境的改造、硬件条件的建设，以实现教育的现代化，这使得教育装备的建设有了新发展，全国范围内掀起了新一轮教育装备大规模投资热潮，教育装备技术现代化，教育装备管理现代化成为关注的重点，但如何建立起一个功能相对完善并符合教学需求的装备管理系统，则众说纷纭。在此背景下，研究如何有效、合理管理这些在短时间内投资建设的庞大的教育装备系统已成为一个迫在眉睫的问题。

第三章 高校教育管理概述

第一节 高校教育管理的内涵与价值

一、高校大学生教育管理的内涵

研究高校大学生教育管理，首先就要明确其内涵。而要全面、深入地把握高校大学生教育管理的内涵，就要弄清高校大学生教育管理的含义，了解高校大学生教育管理的特点，明确高校大学生教育管理的目标。

（一）高校大学生教育管理的含义

管理，就其字面意义而言，就是管辖、处理的意思。管理的涉及面极其广泛，人们往往按照某种需要、从某种角度来看待和谈论管理，因此对管理也就形成了多种不同的解释。即使是在管理学界，对管理也有多种不同的定义。有的从管理职能和过程的角度，认为管理是由计划、组织、指挥、协调和控制等职能为要素组成的过程；有的强调管理的协调作用，认为管理是在某一组织中，为完成目标而从事的对人与物质资源的协调活动；有的突出组织中的人际关系和人的行为，认为管理就是协调人际关系，激发人的积极性，以达到共同目标的一种活动；有的从决策在管理中的重要地位的角度出发，认为管理就是决策；有的从系统论的角度出发，认为管理就是根据一个系统所固有的客观规律，对这个系统施加影响，从而使这个系统呈现出一种新的状态的过程。这些不同的定义，从各个不同的角度揭示了管理活动的特性。

综上所述，我们可以对管理的概念做以下表述：管理是在一定的社会组织中，人们通过决策、计划、组织和控制，有效地利用人力、物力、财力、时间和信息等各种资源，以达到预定目标的一种社会活动过程。

高校大学生教育管理是高等学校管理的一个重要组成部分，也是高等学校人才培养工作的一个重要环节。因此，高校大学生教育管理既具有管理的一般本质，又有自身的特殊本质。这主要表现在以下几方面。

1. 高校大学生教育管理是在高等学校这一特定的社会组织中进行的

任何管理活动都是在一定的社会组织中进行的。正如马克思所说的："凡是有许多个人进行协作的劳动，过程的联系和统一都必然要表现在一个指挥的意志上，表现在各种与局部劳动无关而与工场全部活动有关的职能上，就像一个乐队要有一个指挥一样。"① 高等学校是系统专门培养人才的社会组织，大学生的教育和培养是其首要的和基本的任务。高校大学生教育管理也就是高等学校为实现这一任务而进行的特殊的管理活动。

2. 高校大学生教育管理的目的是实现高等学校的人才培养目标，促进大学生的全面发展

管理总是有一定的目的性，管理的目的就是要实现一定社会组织的某种预定目标。世界上既不存在无目标的管理，也不可能实现无管理的目标。高校大学生教育管理作为高等学校人才培养工作的一个重要环节，其目的就是要实现高等学校在人才培养方面的预定目标，促进大学生的全面发展，使之成为德智体美劳全面发展、富有创新精神和实践能力的中国特色社会主义事业的建设者和接班人。

3. 高校大学生教育管理的实质是要有效地利用学校的各种资源，为大学生的成长成才提供指导和服务

高校大学生教育管理的任务是要为大学生顺利完成学业、健康成长成才提供各方面的指导和服务，其中包括对大学生行为和大学生群体的引导、为家庭经济困难学生提供的资助服务、为毕业生提供的就业服务等。为此，需要通过科学的决策、计划、组织和控制，有效地利用学校的各种资源，包括人力、物力、财力、

---

① ［德］马克思，恩格斯．马克思恩格斯选集（第4卷）[M].北京：人民出版社，2012.

时间和信息等。综上所述，高校大学生教育管理是指高等学校为实现人才培养目标，促进大学生全面发展，通过决策、计划、组织和控制，有效地利用各种资源，为大学生成长成才提供各种指导和服务的社会活动。

（二）高校大学生教育管理的特点

高校大学生教育管理作为高等学校为实现人才培养目标而为大学生提供的引导与服务，有其自身显著的特点。

1. 突出的教育功能

高校大学生教育管理是高等学校人才培养工作的重要组成部分，因此高校大学生教育管理既具有管理的属性，又具有教育的属性，有着突出的教育功能。

（1）高校大学生教育管理的目标服从和服务于大学生教育的目标。大学生是为了接受大学教育而跨进大学之门的，高校大学生教育管理则是高等学校为实现大学生教育目标，促进学生圆满完成大学学业而实施的特殊管理活动，因此高校大学生教育管理的目标必然服从和服务于大学生教育的目标。一方面，大学生教育目标是制定高校大学生教育管理目标的基本依据。而实际上，高校大学生教育管理目标也就是大学生教育目标在高校大学生教育管理活动中的贯彻和体现，是其在高校大学生教育管理领域的分目标。离开了教育目标，高校大学生教育管理也就偏离了方向。另一方面，大学生教育目标的实现有待于高校大学生教育管理目标的实现。高校大学生教育管理是实现大学生教育目标的重要手段，只有通过有效的管理，建立和保持正常的教育教学和生活秩序，充分调动大学生学习的积极性和主动性，为大学生提供各种必要的指导和服务，才能保证学校教育教学活动的顺利进行和学生的健康成长。如果没有有效的高校大学生教育管理，教育目标就不可能实现。

（2）教育方法在高校大学生教育管理方法体系中具有突出的作用。教育方法是包括高校大学生教育管理在内的现代管理活动中最经常、最广泛使用的一种基本手段。这是因为一切管理活动都离不开人，而人是有思想的，人的活动总是由一定的思想意识支配的。正如恩格斯所说的："推动人去从事活动的一切，都要通过人的头脑。"① 因此，任何管理活动都要坚持思想领先的原则，注意做好人的思想工作，通过影响人的思想去引导和制约人们的活动。而高校大学生教育管理作为大学生教育和培养工作系统中的一个重要组成部分，也必然要更加注重运用教育的手段，以增强高校大学生教育管理的实效性。同时，教育方法也是在高校大学生教育管理中其他方法顺利实施并收到实效的基础。高校大学生教育管理的法律方法、行政方法和经济方法的实施，一般都要加强思想道德教育，才能取得良好的效果。

（3）高校大学生教育管理过程也是教育大学生的过程。高等学校是教育和培养专门人才的场所，高等学校的一切工作都应当对学生起到良好的教育和影响作用。直接面向大学生所实施的高校大学生教育管理工作，当然更是如此。事实上，在高校大学生教育管理过程中包含着十分丰富的教育因素。高校大学生教育管理过程中所贯彻的以人为本、民主法制公正和谐的理念，所体现的是从学校和学生的实际出发、遵循教育规律和管理规律实事求是的科学精神，所采用的民主管理、依法管理、科学管理的方法等都会对学生起到潜移默化的影响。高校大学生教育管理过程中所实行的依据大学生成长成才的规律和要求制定的各项规章制度，都会对大学生起到思想导向、动机激励和行为规范的作用。高校大学生教育管理过程中管理人员的情感、态度和言行也会对大学生起到表率和示范作用。由此可见，高校大学生教育管理的过程也是教育学生的过程，并直接影响大学生思想品德的形成与发展。

2. 鲜明的价值导向

高校大学生教育管理总是为一定社会培养人才提供服务的，高校大学生教育管理的目的、管理体制和管理形式总是受到社会的经济基础、政治制度和意识形态的制约。因此，高校大学生教育管理必然具有鲜明的价值导向，它总是贯穿并体现着一定社会的主导价值体系，并直接影响着大学生价值观的形成、变化与发展。我国是人民民主专政的社会主义国家，我国的高等学校是为社会主义建设事业培养专门人才的。这就决定了我国的高校大学生教育管理必然要坚持社会主义

---

① ［德］马克思，恩格斯. 马克思恩格斯选集（第 4 卷）[M]. 北京：人民出版社，2012.

的价值导向。具体来说，高校大学生教育管理的价值导向主要体现在以下几个方面。

（1）高校大学生教育管理的价值导向集中体现在管理目标中。目的性是人类实践活动的基本特征。而人的实践活动的目的，总是基于一定的需要和对实践对象的属性及其变化趋势的认识与判断，因此总是体现着一定的价值观念。高校大学生教育管理的目的也同样如此。事实上，高校大学生教育管理的目的及作为其具体展开的整个目标体系，都是基于一定的价值观念确定和设计的，都贯穿和体现着一定的价值观念和价值追求。因此，高校大学生教育管理的价值导向不仅对管理者的管理行为和大学生的日常行为起着导向、激励和评价作用，而且会对大学生价值观的形成和发展起到重要的引导和促进作用。例如，建立和维护良好的教育教学和生活秩序是高校大学生教育管理的重要目标，这一目标就体现了"有序"的价值，因此这一目标的执行，又会促进大学生形成"有序"的观念。同时，高校大学生教育管理是大学生教育的重要环节。为谁培养人，培养什么样的人，始终是大学生教育的首要问题，当然也是高校大学生教育管理的首要问题。显然，对这个问题的解决，必然要鲜明地体现着一定的价值观念和价值追求。在我国现阶段，也就是要体现社会主义核心价值体系，体现实现中国特色社会主义的共同理想对人才培养的要求。因此，我国高校大学生教育管理的目标也必然要体现社会主义的价值导向。

（2）高校大学生教育管理的价值导向突出体现在管理理念中。高校大学生教育管理理念是高校大学生教育管理的指导思想，直接制约着高校大学生教育管理的原则和方法。而高校大学生教育管理理念也体现了社会的价值体系，并且往往是社会的先进的价值观念在高校大学生教育管理中的贯彻和体现。例如，高校大学生教育管理中的"以人为本"的理念，就是我们党所坚持的"以人为本"的价值观念在高校大学生教育管理中的贯彻和体现。在高校大学生教育管理中要全面贯彻"以人为本"的理念，坚持做到"关心人、尊重人、依靠人、发展人、为了人"，必然会对学生正确认识人的价值，确立"以人为本"的价值观念产生积极的影响。

（3）高校大学生教育管理的价值导向具体体现在管理制度中。科学而又严密的规章制度，是高校大学生教育管理的基本手段，也是高校大学生教育管理规范化、制度化和法制化的基本保证和主要标志。而管理规章制度总是人们在一定的价值观念指导和影响下制定出来的，总是体现着一定的价值导向，具体表现为要求大学生做什么，不做什么；鼓励和提倡做什么，反对和禁止做什么；奖励什么样的行为和表现，惩罚什么样的行为和表现等。高校大学生教育管理制度中的这些规定无不体现出鲜明的价值导向。

3.复杂的系统工程

和任何管理活动一样,高校大学生教育管理也是一项系统性工程,具有整体性、层次性、动态性和开放性。同时，高校大学生教育管理又有其特殊的复杂性，因此也是一项十分复杂的系统工程。

（1）高校大学生教育管理的任务是复杂的。既要紧紧围绕大学生的中心任务，加强对学生学习行为和实践活动的管理和引导，又要切实为大学生的健康成长着想，加强对学生日常行为包括交往行为、消费行为、网络行为的管理和引导，及时发现、校正和妥善处理学生的异常行为；既要加强对大学生现实群体包括学生班级、学生党团组织、学生社团和学生生活园区的管理和引导，又要适应网络时代的新情况，加强对大学生以网络为平台形成的虚拟群体的管理和引导；既要对大学生在校园内的安全加强管理和引导，又要为大学生在校外的安全提供必要的指导和督促；既要做好面向全体学生的奖学金评定工作，以充分调动学生的学习积极性，又要做好面向家庭经济困难学生的资助工作，以帮助他们顺利完成学业；既要引导新生科学制订职业生涯规划，明确努力的具体目标，又要为毕业生提供就业、创业指导和服务，使学生能够在合适的岗位上施展自己的身手、实现自身的价值。总之，高校大学生教育管理渗透到大学生专业学习和日常生活的各个方面，贯穿于大学生培养工作的所有环节和全部过程，其任务是复杂而又艰巨的。

（2）大学生是具有明显差异和鲜明个性的。高校大学生教育管理的对象是大学生，而大学生有着显著的差异和鲜明的个性。他们各有其特殊的精神世界和思想感情，有着不同的气质、性格、兴趣、爱好和习惯。即使是同一个年级、专业、班级的学生，由于他们各有其特殊的生活条件和生活经历，他们的思想行为也各有其特点。同时，随着自主意识的增强，大学生普遍崇尚个性，追求个性的自由发展和完善。对于同一学生而言在成长变化不同的历史时期有着不同的特点。因此，高校大学生教育管理就不可能按照完全统一的要求、规格和程序来进行，而要善于根据大学生的个性特点，因人制宜，因势利导，有针对性地开展工作。这就使高校大学生教育管理工作具有特殊的复杂性。

（3）影响大学生成长的因素是复杂的。高校大学生教育管理的目的是促进大学生的健康成长，而影响大学生成长的，不仅有学校教育因素，还有外部环境因素。外部环境的构成因素是复杂的。在现实世界中，所有与大学生的学习、生活、活动和交往有关的环境因素，都会或多或少地对大学生的成长产生影响。其中，既有社会的因素，也有自然的因素；既有物质的因素，也有精神的因素；既有经济的、政治的因素，也有文化的因素；既有国际的、国内的因素，也有家庭的、学校周边社区的因素；既有现实的因素，也有历史的因素。尤其是随着现代信息技术的迅猛发展，世界越来越紧密地联系在一起，大学生可以方便快捷地获取来自世界各地的信息，因此影响大学生思想行为及其成长的环境因素也就更广泛、更复杂。同时，外部环境对大学生的影响也是复杂的。一是其影响的性质具有多重性。其中，有积极影响，也有消极影响，二者往往交织在一起，同时发生作用。同样的环境因素相对于不同的大学生来说可能会发生不同性质的影响。例如，富裕的家庭经济条件对许多大学生是顺利完成学业的有利条件，但对有的大学生则成为铺张浪费、过度消费甚至不思进取、荒废学业的重要原因。二是其影响的方式具有多样性。有直接的影响，也有间接的影响；有显性的影响，也有隐性的影响；有通过对大学生思想情感的熏陶发生作用的，也有通过对大学生行为的约束发生作用的。凡此种种，不一而足。因此，在高校大学生教育管理过程中，管理者不仅要善于对大学生的学习和生活进行正确的指导，而且要善于正确认识和有效调控各种环境因素对大学生的影响，尽可能充分利用其对大学生的积极影响，防止、抵御和转化其消极影响。显然，这是一项十分复杂的工作。

二、高校大学生教育管理的价值

高校大学生教育管理对社会进步、高等学校发展和大学生成长、成才都有着重要的意义和价值。全面认识高校大学生教育管理的价值，是高校大学生教育管理研究的重要课题，也是切实加强和改进高校大学生教育管理的重要思想基础。

（一）高校大学生教育管理价值概述

价值本来是一个经济学的范畴，它是伴随着商品生产的出现而产生的。

在经济学领域中，价值指的是凝结在商品中的无差别的人类劳动。现在，价值范畴已经广泛地运用于社会政治、法律、道德、科技、教育和管理等各个领域中，成了人们评价一切事物的一个普遍的范畴。因此，价值范畴又具有了哲学意义上的新的内涵。在哲学意义上，价值是指客体对于主体的作用和意义，它体现了客体的属性和功能与主体的需要之间的一种特定关系，即客体属性和功能对主体需要的满足关系。价值作为一个关系范畴，不能离开主客体中的任何一方而存在。一方面，价值离不开主体，主体的需要是衡量价值的尺度，只有能够满足主体需要的事物或对象，才具有价值；另一方面，价值也离不开客体，客体的属性和功能是价值的载体。价值的实质，也就是客体的属性和功能对主体需要的满足。

高校大学生教育管理的价值是指高校大学生教育管理对社会、高等学校和大学生所具有的作用和意义，也就是高校大学生教育管理的属性和功能对社会进步、高等学校发展和大学生成长、成才需要的满足。高校大学生教育管理价值的客体是高校大学生教育管理本身。高校大学生教育管理具有能够对大学生的成长和发展、对高等学校实现教育目标、对培养社会合格人才发挥作用的属性与功能。正是高校大学生教育管理的这些属性和功能构成了高校大学生教育管理价值的基础。高校大学生教育管理价值的主体是社会、高等学校和大学生。高等学校是高校大学生教育管理的实施者。高等学校之所以要实施高校大学生教育管理，是基于实现教育目标的需要，而高校大学生教育管理则具有能够满足这种需要的属性和功能。因此，高等学校也就成为高校大学生教育管理价值的主体。同时，高等学校的教育目标又是依据社会对专门人才的要求和大学生自身发展的需要而制定的，因此社会和大学生也就成了高校大学生教育管理的主体。高校大学生教育管理价值所体现的就是高校大学生教育管理的属性和功能对社会、高等学校和大学生需要的满足关系。

高校大学生教育管理价值有以下显著特点。

1. 直接性与间接性

高校大学生教育管理对其价值主体的作用，就其作用的形式而言，有直接作用和间接作用。因此，高校大学生教育管理价值也就具有直接性和间接性的特点。高校大学生教育管理价值的直接性是指高校大学生教育管理能够不经过中介环节而直接作用于价值主体，以满足一定的需要。一般来说，高校大学生教育管理对大学生的影响和作用往往是直接发生的。高校大学生教育管理价值的间接性是指高校大学生教育管理需要通过一定的中介环节而间接作用于价值主体，以满足一定的需要。一般来说，高校大学生教育管理对社会的影响和作用往往就是通过对大学生的影响和作用而间接发生的。

2. 即时性与积累性

高校大学生教育管理价值的实现即高校大学生教育管理以自身的属性和功能对价值主体某种需要的满足总要经过一个或短或长的过程，因此高校大学生教育管理价值也就具有即时性与积累性的特点。高校大学生教育管理价值的即时性是指高校大学生教育管理活动在短时间内就能够迅速达到目标，从而满足价值主体的某种需要。例如，及时办理新生中家庭经济困难学生的助学贷款，以使他们能够跨进大学，安心学习；及时处理学生中发生的突发事件，以保障学生安全和校园稳定等。高校大学生教育管理价值的积累性是指高校大学生教育管理往往要经过一个相当长的过程，通过长期的工作积累，才能达到目标，从而满足价值主体的需要。例如，建立良好的教育教学秩序，以满足高等学校人才培养工作的需要；培养学生良好的思想品德和行为习惯，以满足社会发展与学生自身发展的需要等。这些就不是一朝一夕所能实现的，而是需要长期的工作积累来实现的。

3. 受制性与扩展性

高校大学生教育管理价值的受制性是指高校大学生教育管理价值的实现要受

到其他各种因素的影响。因为高校大学生教育管理价值就是对大学生成长成才的作用和意义，而大学生的成长成才则还要受到高等学校内部其他因素和外部环境因素的影响。因此，高校大学生教育管理在大学生成长成才中作用的发挥，也就必然要受到其他各种因素的制约。当其他因素对大学生的影响与高校大学生教育管理的作用方向一致时，高校大学生教育管理就容易收到实效，高校大学生教育管理的价值也就易于实现；反之，如果其他因素对大学生的影响与高校大学生教育管理的作用方向不一致，高校大学生教育管理就难以收到实效，高校大学生教育管理的价值也就难以实现。高校大学生教育管理价值的扩展性是指高校大学生教育管理可以通过大学生的活动和影响对高等学校内部其他工作和外部环境因素发生作用，从而使自身价值得到扩展。例如，高校大学生教育管理通过对学生科技创新和创业活动的鼓励和支持，激发学生科技创新和创业的积极性。这就必然会推动学校的教学创新，以提高学生的科技创新能力和创业能力。再如，高校大学生教育管理通过对学生日常行为的引导，使学生养成了遵守社会公共道德规范、自觉维护公共秩序和环境卫生的行为习惯，这就必然会对学校周边环境的优化产生积极的影响。

4. 系统性与开放性

高校大学生教育管理价值的系统性是指高校大学生教育管理的价值是一个由多种维度、多种类型的内容构成的有机整体。按价值的主体，可分为社会价值、高校集体价值和个体价值。社会价值是高校大学生教育管理对社会运行和发展的作用和意义；高校集体价值是高校大学生教育管理对高等学校运行和发展的作用和意义；个体价值是高校大学生教育管理对大学生个体成长和发展的作用和意义。按价值存在的形态，可分为理想价值和现实价值。

理想价值是高校大学生教育管理价值的应有状态，即高校大学生教育管理所追求的最终价值；现实价值是高校大学生教育管理的实有状态，即在现实条件下已经实现或正在实现的价值。还可以按价值的性质，分为正向价值和负向价值；按价值的大小，分为高价值和低价值等。高校大学生教育管理价值就是由上述各种价值组成的系统。高校大学生教育管理价值的开放性是指高校大学生教育管理的价值会随着价值主体需要和高校大学生教育管理功能的发展变化而改变。随着社会的发展，高校大学生教育管理服务对象的需要在发展变化，这就必然会促使高校大学生教育管理的功能发生相应的改变，从而使高校大学生教育管理的价值得到增强和拓展。例如，计算机网络的发展及其对大学生的双重影响，要求高校大学生教育管理必须加强对大学生网络活动的管理和服务，从而使高校大学生教育管理的价值拓展到网络空间中。

（二）高校大学生教育管理的社会价值

高校大学生教育管理的社会价值是指高校大学生教育管理对社会运行与发展的作用和意义，即高校大学生教育管理的属性和功能对社会运行与发展需要的满足。高校大学生教育管理的社会价值集中表现在，它既是培养中国特色社会主义建设合格人才的重要手段，也是构建社会主义和谐社会的内在要求。

1.培养合格人才的重要手段

中国特色社会主义事业的发展需要数以亿计的高素质的劳动者、数以千万计的专门人才和一大批拔尖创新人才。高等学校是人才培养的重要基地，其中心任务就是要为中国特色社会主义建设培养合格的专门人才。而高校大学生教育管理则是高等学校人才培养工作的重要手段，在培养合格人才中发挥着不可或缺的重要作用。

（1）维护正常的教育教学秩序。高等学校的教育教学活动总是按照一定的制度和规章有目的、有计划、有组织地进行，建立和维护正常的教育教学秩序是高等学校教育教学工作的内在要求和基本条件。这就需要有严格的、科学的管理，包括高校大学生教育管理。高校大学生教育管理在维持高等学校教育教学秩序中具有特殊的重要作用。在高校大学生教育管理中，实行严格的学籍管理，按照一定的制度和规定，有序地做好有关学生入学与注册、课程和各种教育环节的考核与成绩记载、转专业与转学、休学与复学、退学、毕业与结业等各项工作，是建立正常的教育教学秩序的基础。实施系统的学习管理，引导学生明确学习目的，提高学习的主动性和自觉性，规范学生的学习行为，督促学生自觉遵守学习纪律和考试纪律，形成良好的学风，是建立正常的教育教学秩序的关键。加强对学生班级、学生社团等学生群体的管理，引导学生紧紧围绕学校的教育教学目标，有序地开展班级活动、社团活动和其他课余活动，是建立正常的教育教学秩序的重要条件。

总之，高校大学生教育管理是建立和维护正常的教育教学秩序的重要保证。没有有效的高校大学生教育管理，就不可能有正常的教育教学秩序。

（2）激励、指导和保障学生的学习行为。高等学校教育教学的过程是教师与学生双向互动、"教"与"学"辩证统一的过程。其中，"教"是主导，"学"是关键。学习是大学生的主要任务，是大学生能否成为合格人才的关键。而高校大学生教育管理则对大学生的学习行为起着重要的激励、指导和保障作用。高校大学生教育管理对学生学习行为的激励作用主要表现在：引导学生充分认识大学学习的社会意义和个体价值，明确学习目的，以激发学生的学习动机；运用颁发奖学金和授予荣誉称号等方式，表彰学业优秀的学生，以鼓励学生勤奋学习；把竞争机制引入学生的学习活动之中，组织各种竞赛活动，以激发学生的学习热情。高校大学生教育管理对学生学习行为的指导作用主要表现在：指导新生了解大学阶段学习的特点和要求，促进他们尽快实现学习方式从被动性学习到自主性学习的转变；指导学生根据社会需求和自身实际制订职业生涯规划，确定自己的职业生涯发展方向，从而明确学习的目标；指导学生掌握科学的学习方法，养成良好的学习习惯，从而不断提高自主学习的能力和学习效率；指导学生积极开展社会实践活动，注重在实践中加深对专业理论知识的理解，在实践中提高自己的专业技能。高校大学生教育管理对学生学习行为的保障作用主要表现在：加强资助管理，切实做好助学贷款和助学金的发放工作，组织和指导学生的勤工助学活动，为家庭经济困难学生可以安心学习、顺利完成学业提供必要的经济条件；开展学生学习心理的辅导，帮助学生克服学业焦虑等各种消极心理，以积极健康的心态对待学习等。

（3）培养学生的思想品德。中国特色社会主义建设所需要的合格人才不仅要具备良好的专业知识和能力素养，还要具备良好的思想品德。思想品德是指人在一定的思想体系指导下，按照社会的言行规范在行动时，表现在个人身上的相对稳定的特征。它是以心理因素为基础的思想与行为的统一体。培养大学生良好的思想品德，不仅需要深入细致的思想政治教育，还需要有效的管理。这是因为人们良好的思想品德和行为习惯的形成，有一个由他律到自律的过程。大学生各方面还未成熟，发展尚未稳定，加之各个学生的思想基础不同，接受教育的主动性、积极性和自觉性各不相同，因此大学生自我管理、自我约束的能力尚有欠缺并存在差异。要帮助大学生提高自理、自律的水平，使他们能够自觉地遵循社会的思想规范、政治规范、道德规范和法纪规范，并形成良好的行为习惯，就必须在加强思想政治教育的同时，加强对大学生各方面的管理，注重大学生日常行为规范的训练。通过对高校大学生教育管理，科学制定并严格执行各项规章制度，强化行为管理和纪律约束，使大学生的学习、交往等各方面的行为都能够按照一定的规范有序地进行。这不仅有助于培养大学生良好的行为习惯，也能为思想政治教育创造良好的环境条件，从而增强思想政治教育的效果。

2. 构建和谐社会的内在要求

实现社会和谐，始终是人类孜孜以求的社会理想，也是中国共产党和中国人民不懈奋斗的重要目标。自党的十六大以来，我们党对社会和谐的认识不断深化，明确提出了构建社会主义和谐社会的任务。社会和谐是中国特色社会主义的本质属性，构建社会主义和谐社会是发展中国特色社会主义的基本要求和重要保证。高校大学生教育管理作为对大学生这一特殊社会群体提供引导和服务的社会活动，在构建社会主义和谐社会中发挥着特有的重要作用，具有特殊的重要价值。

（1）高校大学生教育管理是维护社会稳定、实现社会安定有序的重要保证。我们所要建设的社会主义和谐社会应该是民主法治、公平正义、诚实友爱、充满活力、安定有序、人与自然和谐共处的社会。安定有序是社会主义和谐社会的内在要求和重要特征，也是实现社会和谐的基本条件。社会稳定则是安定有序的基本内容和重要表现，也是改革、发展的前提。而高校稳定是社会稳定的重要条件，高校稳定的关键则在于大学生。这是因为大学生的思想尚未成熟，其自身存在着显著的矛盾性。他们关心国家发展，关注时事政治，追求民主自由，并具有较强的政治参与意识，但尚缺乏政治经验和社会生活经验，政治辨别能力不强，因此很容易受到社会上错误思潮和不良倾向的影响。同时，大学生正处于青年期，情感具有强烈性。这既使大学生热情奔放，勇往直前，也使大学生易于冲动，甚至失去理智。成千上万的大学生集中在高等学校的校园内，如果缺乏正确的引导和有效的管理，一些不良的倾向和问题很容易在大学生中扩散开来，并造成不良的社会影响。因此，切实加强高校大学生教育管理，正确引导大学生的社会活动和政治行为，妥善解决大学生在学习、生活、交往和就业中碰到的各种矛盾和问题，及时处理在大学生中发生的各种突发事件，以保持高等学校的稳定，对于维护社会稳定、实现社会安定有序具有特殊的重要意义。

（2）高校大学生教育管理是构建和谐校园的重要手段。高等学校是现代社会中不可或缺的重要社会组织，担负着培养人才、推进科技进步、传播先进文化的重要任务。构建和谐校园，是构建社会主义和谐社会的题中应有之义，也是推进高等学校科学发展的内在要求。加强高校大学生教育管理，引导和组织大学生积极发挥在和谐校园建设中的主体作用，是构建和谐校园的重要保证。加强高校大学生教育管理，建立和完善学生参与民主管理的组织形式，引导、支持和组织学生依法参与学校的民主管理和实行自主管理，切实维护和保障学生在校期间应该享有的权利，引导和督促学生全面履行法律规定的义务，自觉遵守国家法律和学校管理制度，能够有力地推进高等学校的民主法制建设。加强高校大学生教育管理，妥善地协调学生与学校、学生与教师之间的关系，维护学生的正当利益，实事求是地评价学生的思想品德和学业成绩，公正地实施奖励与处分，正确地处理学生中的各种矛盾和问题，可以使公平正义在校园中得到弘扬。加强高校大学生教育管理，督促学生在学习考试、科学研究、人际交往和日常生活中坚持诚实守信，做到不作弊、不剽窃，引导学生尊敬师长、友爱同学、团结互助，才能在校园中形成诚信友爱的良好风气。通过高校大学生教育管理，可以充分调动学生的积极性和创造性，围绕专业学习，开展丰富多彩的社团活动和社会实践活动，鼓励、组织和支持学生开展科学研究、进行创造发明、尝试创业活动，才能使校园真正充满活力。通过高校大学生教育管理，建立和维护学校正常的教育教学秩序和生活秩序，加强学生的安全教育和管理，保障学生的身心健康，有效地预防和妥善地处理学生中的突发事件，努力建设平安校园，才能使校园一切事务安定有序地运行。通过高校大学生教育管理，引导和督促学生自觉维护校园环境，节约使用水、电等各种资源，才能使校园成为人与自然和谐共处的生态校园。

（3）高校大学生教育管理是促进大学生集体和谐发展的重要手段。包括大学生党团组织、班级、学生会、社团等在内的大学生集体是大学生政治、学习和日常生活的基本组织形式，直接影响大学生的思想和行为，是大学生思想政治教育和管理的重要载体。大学生集体的和谐发展，不仅直接关系着大学生个体的健康成长和全面发展，也直接关系到高等学校的和谐稳定与科学发展。高校大学生教育管理内在地包含着对大学生集体的管理，因此在促进大学生集体和谐发展中发挥着十分重要的作用。通过高校大学生教育管理，引导大学生集体自觉遵循学校的有关制度和规定，紧紧围绕学校的人才培养目标和学生成长成才的需要，积极开展丰富多彩的集体活动，充分发挥自身在大学生自我教育、自我管理中的作用，可以促进大学生集体的发展与学校发展的和谐与统一。通过高校大学生教育管理，切实加强大学生集体的思想建设、组织建设、制度建设和作风建设，引导大学生增强集体意识，主动关心集体发展，积极参与集体活动，弘扬团结互助精神，不断增进学生之间的友谊，注重相互沟通与交流，及时化解各类矛盾，可以促进大学生集体自身的和谐发展。通过高校大学生教育管理，引导大学生党团组织、班级、学生会、社团等各类大学生集体正确处理相互之间的关系，加强相互之间的沟通和协调，做到相互配合、相互支持，形成大学生自我教育、自我管理的合力，可以促进各类大学生集体的相互和谐与共同发展。

（三）高校大学生教育管理的个体价值

高校大学生教育管理的个体价值是指高校大学生教育管理对大学生个体成长与发展的作用和意义，即高校大学生教育管理的属性和功能对大学生个体成长与发展需要的满足。高校大学生教育管理的个体价值主要表现为引导方向、激发动力、规范行为、完善人格和开发潜能五个方面。

1. 引导方向

高校大学生教育管理具有突出的导向功能，对大学生的成长和发展起到重要的导向作用。高校大学生教育管理的导向作用，主要表现为以下三个方面。

（1）引导政治方向。政治方向是政治立场、政治观念、政治态度、政治品质和政治信念的综合体，是人的素质中的首要因素，决定着人们思想和行为的基本倾向。我们党历来强调在人才培养中必须把坚定正确的政治方向放在第一位。当今世界，随着经济全球化和信息技术的迅速发展，国际政治斗争趋于复杂，西方意识形态的渗透日益加剧。引导大学生确立坚定正确的政治方向即坚持中国特色社会主义的方向，是高等学校的一项极为重要而又十分紧迫的任务。要实现这一任务，首先要加强大学生的思想政治教育，同时要加强高校大学生教育管理。这是因为高校大学生教育管理的社会属性决定了高校大学生教育管理必然具有鲜明的政治方向性，并对学生的政治方向发挥着引导作用。加强高校大学生教育管理，严格执行高等学校学生管理规定，引导和督促大学生自觉遵守高等学校学生行为准则，加强对大学生的行为尤其是政治行为的管理和指导，引导学生正确行使依法享有的政治权利，防止和抵制各种腐朽意识形态对大学生的影响，及时纠正校园中出现的错误倾向，维护和保障校园的政治稳定和政治安全，对引导大学生坚持坚定正确的政治方向无疑具有重要的作用。

（2）引导价值取向。价值取向是指人们基于自己的价值观在面对或处理各种矛盾、冲突、关系时所持的基本价值立场、价值态度及所表现出来的基本价值倾向。价值取向决定和支配着人的价值选择，制约着人们的思想和行为的方向。现阶段我国市场经济的发展，在促进社会生产发展和人们思想观念更新的同时，其盲目性和滞后性也容易诱发人们产生利己主义、拜金主义和享乐主义的价值观念；随着经济全球化的发展和我国国际交往的扩大，西方的各种价值观念也渗透进来。因此，引导大学生掌握社会主义核心价值体系，坚持正确的价值取向，有着尤为重要的意义。正如前文所说，鲜明的价值导向是高校大学生教育管理的一个显著特点。高校大学生教育管理通过坚持和贯彻体现社会主义核心价值体系的管理理念，制定和执行以培养社会主义建设合格人才为根本宗旨的管理目标体系和管理规章制度，对大学生的价值取向起到重要的引导作用。

（3）引导业务发展方向。引导大学生确定既符合社会需要又符合自身实际的奋斗目标，明确业务发展的方向，可以引导他们把主要精力和时间投入实现既定目标的业务学习和实践活动中，从而促进他们早日成才。高校大学生教育管理在引导大学生业务发展方向方面的作用集中表现在：通过对学生学习活动的指导，引导学生根据相关专业的要求和自己的兴趣爱好，确定专业学习的目标，从而明确在专业学习方面努力的方向；通过对大学生职业生涯规划的指导，引导学生根据社会需求、职业发展的趋势和自身的主观条件与愿望，确定自己的职业理想，从而明确自己职业生涯发展的方向。

2. 激发动力

高等学校的系统教育为大学生的成长和发展提供了良好的条件，而大学生能否健康成长和全面发展，关键在于大学生是否能够发挥自身的主观努力即主观能动性的发挥。因此，要促进大学生的成长和发展，就必须注重激发大学生的内在动力，充分调动他们的主动性和积极性。高校大学生教育管理具有显著的激励功能，在激发大学生内在动力方面具有突出的作用。高校大学生教育管理对大学生的激励作用，主要是通过以下三种路径实现的。

（1）需要激励。需要是人的行为动力的源泉，也是行为动机产生和形成的基础。人的积极性的发挥及发挥的程度，归根结底取决于其需要能否得到满足及满足的程度。高校大学生教育管理坚持以人为本的管理理念和服务学生的管理原则，关心学生的实际需要，维护学生的正当利益，扎扎实实地为大学生的成长和发展提供各方面的指导和全方位的服务，因此也就必然会对大学生发挥重要的激励作用。

（2）目标激励。人的行为总是指向一定目标的，目标是人们期望达到的成果和成就，能够激发人的内在积极性，鼓励人们奋发努力。人们对目标的达成满足自身需要的价值越大，目标能够实现的可能性就越大，目标的激发力量也就越大。高校大学生教育管理遵循社会发展要求与大学生自身发展需要相统一的原则，科学地制定管理的目标，着力引导大学生根据社会需要和自己的兴趣爱好、主观条件合理地确定自己的学习目标和发展目标，从而对大学生发挥着重要的激励作用。

（3）奖惩激励。奖励和惩罚是高校大学生教育管理的重要方法，其目的是通过运用正、负强化手段，控制大学生行为结果的反馈调节作用，以维持和增强大学生努力学习和践行大学生行为准则的主动性和积极性。奖励是通过奖赏、赞扬、信任等褒奖形式，使其感到满足和喜悦，从而更加奋发努力的正强化手段；惩罚是通过造成被惩罚者某种需要的不满足而使其感到痛苦和警醒，从而变消极行为为积极行为的负强化手段。高校大学生教育管理通过恰当运用奖励和惩罚，鼓励先进，鞭策后进，从而激励全体大学生奋发努力。

3. 规范行为

高校大学生教育管理的一项重要任务就是要科学制定和严格执行各项管理规章制度和纪律，以规范大学生的行为，促进其形成文明的行为方式和良好的行为习惯。高校大学生教育管理在规范大学生行为方面的作用，主要是通过以下三种途径实现的。

（1）加强制度建设。制度建设是高校大学生教育管理的重要内容。高校大学生教育管理中的制度建设，就是要依据社会发展要求、人才培养目标和大学生健康成长与发展的需要，科学制定和不断完善各项规章制度，使大学生明确应该做什么、不应该做什么，应该怎么做、不应该怎么做，并引导和督促大学生用于规范自己的行为，逐步形成文明的行为方式。

（2）严格纪律约束。纪律是一定的社会组织为实现组织目标而要求其全体成员必须共同遵守并赋予组织强制力的行为规范。它是建立正常秩序、维系组织成员共同生活的重要手段，也是完成各项任务、实现组织目标的重要保证。因此，纪律约束也成为高校大学生教育管理工作中不可或缺的重要手段。在高校大学生教育管理中，通过严格执行学习、考试、科研、集体活动、校园生活、安全保卫等各方面的纪律，以约束和调整学生的行为，并对违纪行为及时做出恰当的处罚，可以有效地引导和规范学生的行为，促进其良好行为习惯的养成。

（3）引导自我管理。自我管理是高校大学生教育管理的重要路径。自我管理的一项重要内容就是要启发学生的自觉性和主动性，引导学生自觉遵守管理制度，主动地用体现社会要求的大学生行为准则规范自身的行为，实行自我约束和自我监督。这种自我约束和自我监督，既表现在大学生个体的自我管理中，也体现在大学生群体的自我管理中。在大学生班级、寝室、社团等群体的管理中，充分发挥学生的主体作用，引导学生在民主讨论的基础上，形成全体成员共同遵守的规章制度，并相互监督执行。不仅有助于营造良好的群体氛围、实现群体的目标，而且有助于提高全体成员规范和约束自己行为的自觉性。

4.完善人格

人格是一个人所具有的稳定而统一的心理特征的总和。通俗来讲，人格是指一个人的品格、思想境界、情感格调、行为风格、道德品质、精神面貌等。人格既是个人发展状况的集中表现，也是个人发展的内在主观条件。人的全面发展内在地包含着人格的健全和完善。高校大学生教育管理以促进大学生的全面发展为根本目的，因此必然要注重培育大学生健全的人格，以促进他们形成崇高丰富的精神境界、高尚优秀的道德品质、积极健康的心理品格。高校大学生教育管理在完善大学生人格方面的作用，主要表现为以下两个方面。

（1）优化环境影响。环境是影响大学生人格形成和发展的重要因素，对大学生的人格具有陶冶和感染的重要作用。"近朱者赤，近墨者黑"说的就是这个道理。高校大学生教育管理在营造良好的校园环境、优化校园环境影响方面具有重要的作用。高校大学生教育管理通过制定和执行合理的规章制度，建立和维护正常的校园秩序；通过有效的学习管理和班级管理，促进良好学风和班风的形成；通过对大学生交往活动的管理和引导，优化校园的人际环境；通过对大学生网络活动的管理和指导，净化校园的网络环境；通过对学生社团和学生课余活动的管理和指导，形成积极向上、丰富多彩的校园文化生活环境；通过对学生生活园区的管理和学生日常行为的指导，为学生营造安定有序、文明健康的日常生活环境等。

（2）指导行为实践。实践是大学生人格形成和发展的基本途径。大学生所接受的各种教育影响，只有在实践中通过他们的亲身体验，才能真正为他们所理解、消化和吸收。大学生行为习惯的养成、实践能力的提升等，更是自身长期实践活动的结果。因此，高校大学生教育管理通过对大学生行为和实践活动的管理和指导，也就必然会对大学生人格的完善发挥重要的作用。

5. 开发潜能

人的潜能是指人所具有的有待开发、发掘的处于潜伏状态的能力。它包括人的生理潜能、智力潜能和心理潜能。人的潜能是人的现实活动力量的潜伏状态和内在源泉，人的能力的发展在一定意义上来说也就是开发潜能，使之转化为现实活动力量即显能的过程。人的潜能是巨大的。美国著名心理学家威廉·詹姆斯认为，一个正常人还有 90% 的潜能尚未利用。[①] 由此可见，人的潜能的开发具有十分广阔的前景。大学生正处于成长和发展的关键时期，着力开发他们身上所蕴藏的丰富潜能，将他们内在的潜能转化为从事社会建设的实际能力和现实力量作为大学生培养工作的重要组成部分，在开发大学生内在潜能方面发挥着不可或缺的作用。高校大学生教育管理在开发大学生潜能方面的作用，主要是通过以下三种途径实现的。

（1）指导学习和训练。学习和训练是开发潜能的基础。只有通过系统的学习和训练，掌握必要的知识和方法，才能使潜能得到正确的、有效的发挥。高校大学生教育管理通过对大学生的学习活动的管理和指导，引导大学生确立正确的学习目的，掌握科学的学习方法，不仅可以充分发掘大学生在学习方面的潜能，以提高他们的学习能力，而且可以促进大学生系统地掌握专业的理论知识和方法，从而使他们在专业方面的潜能得到开发和发展。

（2）运用激励机制。激励是开发潜力的重要手段。通过激励机制的运用，可以充分调动人的主观能动性，打破安于现状的消极心态，振奋人的精神，转变人的态度，激发人的兴趣，调整人的行为模式，从而达到开发潜能的目的。因此，激励是高校大学生教育管理的重要手段。高校大学生教育管理运用激励机制，通过引导学生明确努力方向和成才目标，奖励成绩优异、表现突出的学生，可以调

---

① ［英］奥斯汀. 如何以言行事 1955 年哈佛大学威廉詹姆斯讲座 [M]. 杨玉成，赵京超译. 北京：商务印书馆，2012.

动大学生的主动性和积极性，激发他们奋发向上的进取精神，从而促进他们不断地开发自身内在的潜能。

（3）组织实践活动。实践是潜能转化为显能的中介和桥梁。人的潜能只有在实践中，才能逐步显现出来，得到实际发挥，从而转化为显能。高校大学生教育管理通过支持和指导学生的社团活动和社会实践活动，鼓励和引导学生的科技服务和科技创新活动等，可以为大学生提供丰富多样的参与实践活动的机会，促使他们的潜能在实践中得到开发和发展。

第二节　高校教育管理的内容及本质

一、教学管理的组织系统

教学管理组织系统是教学管理群体为共同目标的达成，利用权责分配、层级统属关系与团队精神构成的可以实现自我发展与调节的社会系统，用于解决谁管理与如何管理的问题。管理体制是指组织机构安排、隶属关系与权责规划等组织制度体系化建设。要想充分发挥教学管理组织功能，就要从根本上优化管理体制，促进组织结构的科学合理建设。管理系统属于结构性关系组织，是组织成员彼此行为关系构成的一个行为系统，更是一个随时代变迁而调整适应的生态化组织以及成员角色关系网。教学管理组织建设的根本目的是构建全面科学的教学管理系统，构建质量管理系统与运行机制，更好地为广大师生以及教育教学工作助力。教学管理系统关注的是过程管理纵向系列与横向系列整合。纵向系列指学校、二级学院（部）、教学系部和教研室；横向系列包括教务部门、科研部门、学生管理部门、人事部门、政工部门、后勤保障部门等。要促进教学目标的达成，培育出更多优秀人才，就必须确保两个系列得到有效协调。

要构建教学管理组织系统，保证该系统工作可以顺利高效地开展，灵活创新地运行，一定要打造高素质的教学管理队伍，明确机构设置，确定岗位责任。

二、教学管理的本质

从本质角度上进行分析，教学管理是在高等学校系统中，以教学子系统为研究的管理对象，组织应用有限资源，科学安排教学过程，优化资源配置，提升教学效益。

三、教学管理的基本任务和职能

从基本任务上看，教学管理需要严格遵照教育教学规律，搞好教学管理系统规划，运用现代科技和现代化管理方法对所有教学活动实施动态和目标性管理。与此同时，强调要发挥的管理协调的巨大价值，调动各方参与的主动性，确保人才培养进程当中顺利完成。

教学管理职能主要是"决策、规划，组织、指导，控制、协调，评估、激励，研究、创新"，这些职能之间既有交叉，也有密切的内部关联，共同构成了一个有机整体。

四、教学管理内容体系

想要真正做好教学管理，提升管理质量，其核心在于管理者清楚知道要管的内容、重点管的内容以及如何能够管理好。教学管理本身是一个整体，教学管理内容体系，从多元化角度出发进行体系框架的表现。就教学管理、业务科学体系而言，可以归纳成四项，分别是教学计划管理、教学运行管理、教学行政管理、教学质量管理与评价。如果将教学管理职能作为划分标准，其包含控制协调、评估激励、研究创新、决策规划、组织指导。从教学管理层面上进行分析，涵盖教学改革、教学建设与日常管理几个部分。

（一）教学计划管理

人才培养方案是学校为了提升教育教学质量，确保培养规格的关键性文件，是安排教学活动，设置教学任务，维护有序教学编制的依据所在。教学计划是在教育部宏观指引之下，由学校组织专家自主制订完成的，所以每个学校拥有很大的自主权。教学计划在确定之后必须全面贯彻落实。教学计划管理的核心在于合理设计人才培养蓝图，要求学校在其中投入极大精力，开展基本调查研究，尤其是获知新的教育观点、教学内容、培养模式等方面。需要组织学校各学科专业的学术教学带头人、骨干教师进行课程结构体系的研究。只有保证课程结构体系的优化与全面，将人才培养的总体规划进行有效定位，才能为优秀毕业生的培育奠定坚实基础。其中特别要注意，在制订了教学计划后，必须严格贯彻，切忌随意、散漫。

（二）教学运行管理

教学管理基本在于利用规范化管理确保教育教学活动顺利有序地运转，提升教学水平。教学运行管理是围绕教学计划落实开展的教学过程与有关辅助工作的组织管理。教学过程指的是学生在教师引导下的认知过程，也是学生利用接受教学活动的方式，收获综合发展能力的过程。高校教学过程在组织管理方面的特征，最为明显的是：第一，大学生学习自主性与探究性特征明显。第二，坚实基础学科教育基础上的专业教育拓展。第三，教学科研不断整合。以这些特点作为重要依据，做好教学过程组织管理，特别要做好课程大纲的设置，设计组织管理内容、程序、规范要求等，以便对教学过程进行检验。

（三）教学行政管理

教学行政管理是学校、二级学院、教学系部等教学管理部门结合教育规律与学校规章行使管理方面的职权，对教学活动与有关辅助工作实施科学化组织、指挥、协调调度，确保教学稳定持续运转的协调过程。

（四）教学质量管理与评价

教学质量这个概念具有很强的综合性，判断教学质量水平指标应涵盖教学、学习与管理质量的综合性指标，才能得到客观准确的评估。教学质量是渐进累积的产物，是动态与静态管理整合而形成的。所以要关注动态与过程管理，实现过程与结果的统一。革新教育思想，提升教学水平，是做好教学质量管理的基本前提。要做好质量监控，设计全程质量管理，构建与校情相适应的质量监控体系与运行机制，首先必须对质量监控概念、要素、组织体系等进行梳理，认真研究质量监控与保障的全部有关问题。高校要积极构建围绕核心的科学化与可操作性强的质量管理模式。

第三节　高校教育管理的原则及指导思想

一、高校学生管理的理论根据和指导思想

管理科学化在提升管理效率与教育质量方面意义重大。管理科学化的实现，依赖于与客观实际相符的，人性化与规范化的管理制度，而这些均离不开科学的管理思想。科学化的管理思想共分三个层次，分别是认知理论的管理思想、管理遵照的基本原则与实践中运用的方法。

（一）管理思想

管理思想是关于管理的观点、理论或观念，是管理理论与实践整合于人头脑的一种反应。管理思想能够对管理实践发挥重要指导作用，思想是行动的先导。管理思想会伴随社会和管理实践的产生、发展与变化而发生改变。古代朴素管理思想在四大文明古国等国家当中非常兴盛。公元前 2000 年前后，古巴比伦《汉谟拉比法典》这个重要的法典就体现出了远古法规管理的思想。我国在公元前 1100年之前就诞生了金泉管理思想，在这之后又有人治、法治等管理思想产生。到了19 世纪后期，受机器大生产的影响，欧洲产生了过程管理、古典科学管理思想等。在 20 世纪 60 年代之后，产生了大量管理学派，促进了管理思想的繁荣。

高校学生管理是教育管理的重要组成部分，管理思想应该和教育管理思想一致，均为复杂综合的重要理论课题，也应确定理论前提，与一定的思想理论进行

紧密关联，以确定基本方向。站在哲学的角度进行分析，高校学生管理思想主要包括以下几个方面。

1. 运用相互联系的管理思想

高校学生管理属于社会现象，具有很强的综合性和复杂性。站在宏观角度进行研究，高校和社会、家庭乃至于整个时代都是存在密切关联的，广大高校学生也不是孤立和隔绝于世的，因此高校学生管理会涉及社会、家庭，在影响时代的同时也受时代的影响和制约。

站在微观角度进行分析，高校学生管理的各个要素之间，存在着彼此联系与制约的关系。比如管理和教育间的关系、管理和服务间的关系等，都互相影响与制约。

2. 运用动态平衡的管理思想

管理是一个系统性过程，该过程处在持续不断的发展变化过程中，不仅会受政治、经济、文化等诸多要素的影响，而且受高校本身诸多因素的影响。全部处在不断变化的过程中，管理工作也是如此，在发展过程中不断地完善与进步。另外，被管理者以及被管理者的思想行为、人格等也会在管理过程当中发展完善。因而，将动态平衡管理理念应用到管理实践当中，就要用哲学中的发展观点，做到与时俱进，立足现实，着眼未来，探究新情况，解决新问题。

3. 运用对立统一的管理思想

高校学生管理实践活动当中包含着多元化的矛盾关系，因而要借助对立统一管理思想，处理问题与矛盾。例如，管理者和管理对象间存在着矛盾，要用对立统一思想指导管理实践。

4. 运用实践探索的管理思想

实践是检验真理的唯一标准，而实践又是正确认识的主要来源。高校学生管理具有极强的实践性，同时对操作性提出了极高的要求。所以在推进高校学生管理时，必须树立实践意识，培养探究创造的勇气，在实践中把经验提升为理论，以便更好地指导学生管理实践。不断反复以至无穷，促进学生管理全面进步。

（二）指导思想

在对我国高校学生管理指导思想进行研究的过程中，需要特别注意运用以下观点与思想。

第一，坚持马克思主义中关于人全面发展的理论，培育"四有"人才是社会主义大学教育的根本任务所在。想要保证研究工作的质量，首先一定要明确给谁培养人才和培养怎样的人才这两个问题。我国社会主义的性质决定高校培育出的人才要具备扎实科学文化知识与健康的身体素质，要有极高的社会主义觉悟。要完成四有新人的培育目标，就要严格按照马克思主义的全面发展教育思想，推动教育发展。有效培育德智体美劳全面进步的优秀中国特色社会主义事业建设者与接班人，是最重要的教育方针，也是马克思主义理论精华具体应用的表现。我们要把培育全面发展的"四有"人才作为教育的根本任务和落脚点。

第二，运用马克思主义关于辩证唯物主义的理论，用对立统一观点对高校学生管理工作进行引导，在管理实践当中贯彻整体观念。马克思主义辩证唯物主义哲学是所有社会与自然科学的理论根基。马克思主义方法论与认识论渗透在全部社会与自然科学中，因而必然渗透在高校学生管理中。要利用对立统一观点，明确管理整体观念。从纵向上看，整体观念是局部与整体统一；从学生管理工作整体系统的角度上看，构成有机整体的每个部分都是支系统和局部。学生管理系统整体功能最终是由局部组合形式决定的，虽然局部拥有特定功能，但都应服务于系统整体目标与功能，局部要素要以整体目标为基准建立起来。从横向上看，秉持整体观念是处理局部间分工合作的一致性，将各部门进行有效协调，共同为培育全面发展人才的管理目标服务。

第三，利用高等教育与现代科学管理理论指导学生管理，推动管理科学化。现代治校理念要求，要运用现代科学进行学校与学生的管理。具体而言，一要靠教育科学，遵照教育内外部规律办事。例如，高等教育规模是由经济基础决定的，又会反作用于经济基础。高等院校是高等教育的重要平台和有效载体，如今人才竞争激烈程度逐步提高，市场化竞争更是空前激烈，思想观念、结构、体制等多个方面都经过了一系列的改革。高校一定要把握时代脉搏，面向市场办学。高校学生管理工作要持续不断地推进，研究新情况与解决新问题，面向新时代培育复合型人才。要靠现代管理科学理论方法完成管理活动，以确保学生管理组织机构完善，管理制度健全，人员责任，岗位分工恰当，职责明确，奖罚分明，动作协调一致，管理高效。运用现代管理科学理论指导学生管理，主要是对基本原理进行应用，主要包括人的能动性、规律效应性、时空变化性、系统整体性的原理。在具体的管理实践中，一定要促进组织系统化建设，决策科学化的发展，方法规范化进步与手段现代化改革。

第四，继承发扬我国70多年来高校学生管理的成功经验，吸收借鉴经验财富。新中国成立70多年来，高校学生管理实践当中积累的大量成功经验与宝贵成果，是如今学生管理的财富。首先，社会主义大学要始终坚持共产党领导，走社会主义道路，这是最为基本的成功经验。所谓坚持党的领导，实际上就是利用党的方针、政策、路线等指导大学管理，确保大学的社会主义方向坚定，充分调动师生的热情，为培育全面素质过硬的高级复合型人才不懈努力。之所以强调坚持社会主义方向，是因为我国大学具有社会主义性质。所有管理都要坚持党的领导，所有规章制度的制定落实，都必须始终坚持一个中心与两个基本点。这样才能激发管理参与者的热情，而这也是衡量管理功能与效益的基本点所在。其次，管理规范化与制度化就是将与社会主义方向相符，经实践检验的成熟的民主与科学管理制度方法等用制度形式进行固定，构成工作规范，实现权责利的统一，让制度在思想性与科学性上达到统一。最后，秉持理论与实际相联系的原则，面向社会实践与社会需要，从而确保教育和生产的整合。社会主义大学培育人才，一定要满足市场经济的需求，在思想方面拥有极高的社会主义觉悟与共产主义献身精神；在业务方面除了要具备扎实的理论基础之外，还要具备极强的分析与解决问题的实践能力，拥有实干精神与独立性。

二、高校学生管理的原则和基本方法

原则是客观规律的反映，是观察与处理问题的根本准绳。社会主义大学管理的重要原则是学生管理内在规律的体现，不是主观臆造的。在整个学生管理体系当中，管理原则地位十分关键，有承上启下的作用，为管理目标与实现目标手段搭建了桥梁，是运用有效方法推进管理实践的根本要求。管理原则与管理目标、过程、方法、制度、管理者等要素，存在紧密关联，同时处于指导地位。

（一）高校学生管理的基本原则

1. 学生管理工作方向性原则

管理是有目的的一种实践活动，实际管理工作一定要具备方向性。把社会主义方向作为根本准绳，是我国学生管理的本质特征。我国是社会主义国家，要将高校变成社会主义性质育人平台。社会性质形成了对学校性质的制约，决定了学校所有管理活动的性质，所以高校学生管理一定要坚持党的领导，走社会主义道路，坚持马克思列宁主义、毛泽东思想、邓小平理论、"三个代表"的重要思想、科学发展观、习近平新时代中国特色社会主义思想，为社会主义现代化建设培养造就大批合格人才。这是高校学生管理最根本和最重要的原则。

2. 理论与实践相结合的原则

理论与实践相结合，坚持实践是检验真理的唯一标准，是马克思主义基本原理，更是高校学生管理基本准则所在。有效领悟与把握马克思主义科学与有关管理原理，掌握其精神实质，是做好学生管理工作的基础与前提条件。但管理原理、应用范围与实际价值会受诸多因素的制约。党和国家在社会主义现代化建设的过程中，拥有基本教育方针政策，在不同时期会结合差异化的特征，提出具体方针政策与实际要求。这些方针政策与实际要求，应该在高校学生管理的措施方法中进行有效体现。但是学生管理科学化，还要坚持从本校实际出发，考虑学生的实际特征，制定出针对性强的方法和策略。

3. 行政管理与思想教育相结合的原则

要培养学生共产主义思想道德，不仅要靠说服教育，还必须持续不断地实施行为训练，让学生养成正确的行为习惯，不然教育效果是无法得到有效巩固提升的。假如规章制度以及行为规范等设置得不够科学，思想政治教育实践就会丧失动力。行政管理在培育社会主义合格人才的进程中发挥着巨大的作用，为教育实践提供了重要的规范与纪律保障，但具体高校学生管理是借助规章制度与行为规律等科学指导与约束学生的思想行为。这些制度措施以及纪律表现为社会和高校集体意志对高校学生的要求，还体现为对高校学生行为的外部限制。所以，单一借助管理制度解决高校学生群体复杂的精神领域问题不切实际，同时也违背了科学规律。正确管理措施的制定与落实，一定要把提升学生认知能力，提高学生遵章守纪自觉性作为基础前提。自觉遵章守纪来自拥有科学、正确的认知，离不开科学化的教育实践。只有利用科学、合理的思想政治教育方式，才能提升学生纪律执行自觉性，有效提升管理质量与效率。

4.民主管理原则

社会主义高校学生管理体系中一项非常关键的内容，是要对学生进行自我控制与管理能力的培养，使得学生能够在管理实践中拥有主人翁意识，积极主动地参与管理活动，充分调动学生的主观能动性。为了保证学生自主管理的实现，一定要在学生管理中落实民主管理原则，从而保证整体目标的达成。

就高校学生心理发展的特点而言，大学生正处在心理自我发现的阶段。这个阶段的学生拥有非常强的支配自我与环境的意识，他们的思想行为和中学阶段的学生有着非常明显的差异，特别是在独立性方面，渴望个人人格与意志得到尊重。面对高校制订的规章制度，以及纪律等方面的内容，高校学生会主动思考其合理性，通常不希望被动服从，渴望直接参与到管理当中。结合高校学生的心理特征，一定要在学生管理工作中发扬民主精神，让学生既是管理对象，又是管理主体。在落实民主管理原则时，特别要关注党团员学生作用的发挥，合理选拔优秀学生干部。

（二）高校学生管理的方法

高校学生管理方法是以管理原则为有效依据，为保证学生培养目标的实现在具体管理环节运用的所有方法、步骤、途径、手段等，通常有以下几种。

1. 调查研究

经常性地调查掌握和了解学生的实际情况，有效地选取针对性强的处理方法。在调查研究过程当中，一定要针对调查对象、目的、方法等内容，做好科学规划，不可敷衍了事。在调查过程当中，必须做到实事求是，有效运用马克思主义立场、观点、方法，注重综合性地研究分析调查材料与调查事物。

2. 建立规章制度

在高校学生管理的过程当中，应该逐步建立起科学化的管理制度体系，这是确保学生管理工作有章可循的基础。制度建设一定要与高校学生身心特征相符，同时要与整个教育规律及学生管理目标相适应。与此同时，制度要伴随教育改革与进步，持续不断地加以健全，还要维持其相对稳定性。

3. 实施行政权限

结合学生管理目标、内容等制订规章制度与相关的行为规范，利用行政方法实施有效管理，通过有关管理部门与师生、员工共同监督检查的方式，促使学生集体或个人与管理目标规范相符。行政方法通常有惩治和褒扬两种。在具体的管理过程当中，针对能够认真遵守相关管理制度，思想行为都与规范相符的个人与集体，应该大力褒扬赞赏；对于违规违纪，思想行为不符合管理要求的个人与集体，要给出限制措施，同时要用严格制度惩治行为极度恶劣者。

4. 适当运用经济手段

经济手段实际上是补充行政方法的一个策略。在具体的学生管理环节，给予必要的物质奖励，或者是物质上的惩罚，指的就是经济手段。选用经济手段并不表明行政方法难以确保管理工作的有效实施，是因为经济手段会直接触及学生的物质利益，所以能够发挥极大的作用，而这个作用是行政方法无法代替的。在选用经济手段实施学生管理工作时，不能只关注经济手段奖惩，而忽略了日常教育指导与行政管理。也不能只注重经济手段奖励优秀学生，忽略用同样的手段处罚违规违纪学生。更不能只关注处罚而忽略奖励，否则会直接影响经济手段作用的发挥。

第四节　高校教育管理的重点

一、教学管理的特点

教学管理在高校管理实践当中占据着不可替代的地位，同时管理活动带有明显的特殊性，这也决定了教学管理有以下几个明显特点。

（一）教学管理的能动性

能动性是教学管理的一个显著特点。这里指的是人的主观能动性，教学管理的主要对象是师生，是否可以有效地调动师生积极性，是衡量教学管理质量的关键标准。在整个教学管理体系当中，师生拥有双重身份，教师在对学生进行教学指导时扮演的是管理者的角色，而教师在作为高校教育教学执行者时，属于管理对象，学生是学校与教师的管理对象，同时是自身学习的自我管理者。不管师生扮演怎样的角色，承担怎样的身份，都有其主观能动性。

（二）教学管理的动态性

动态性指的是教学管理各环节均处在动态发展进程当中。比如，人才培养方案，要跟随社会经济的变迁而不断地更新完善，教学质量评价系统要伴随建设内容的改变而更新。正是在持续不断的总结提升和动态化的办调处理当中，才能使教学管理水平与质量螺旋上升。

（三）教学管理的协同性

教学管理担负的重要任务是协调学生个体与学校、教师之间的集体活动，有效发挥师生个性，推动个人与集体的协同进步。

（四）教学管理的教育性

教学管理者利用科学制定管理制度、优化管理过程、设置奖惩制度等方式，指导学生进行自我教育与管理，推动学生自我服务，从而最终实现育人目标。

（五）教学管理的服务性

高校中心工作在于育人，教学管理要紧紧围绕教与学，并为其提供良好的服务。树立正确的服务意识，是对教学管理者提出的根本要求。

二、教学管理队伍的结构

高等学校教育教学管理队伍由分管教学副校长、教务处全体人员、学院（系）主管教学副院长（副主任）、教学秘书（教学办全体人员）和教务员组成。教学管理人员的结构主要包括学历结构、职称结构、年龄结构、学缘结构和性别结构等指标。科级以上管理人员岗位应具备硕士及硕士以上学历，博士学历占一定比例；处级岗位、教学副院长（副主任）和重要科级岗位应具备副教授以上职称，教授占较大比例；老、中、青各层次人员合理分布，教学管理队伍既要有教学管理经验丰富的中老年专家，又要有充满活力、信息技术强的青年骨干；学缘结构上非本校人员应该占多数比例，有利于发挥不同的管理思想，承担重要岗位工作的教学管理人员应有基层教学管理工作经历。

三、教学管理的重点

（一）注重提高教学管理人员职业道德和业务能力

学校方面要切实意识到教学管理者在学校长远发展建设当中扮演的角色和发挥的作用不可替代，有效培育其思想政治素质，使其树立事业心与责任心，始终秉持奉献精神。

首先，教育管理者所处位置非常关键。发挥着承上启下的作用，担当上传下达的责任，不仅要贯彻落实上级部门给出的工作安排与文件精神，还必须协调组织教学管理活动，同时还要面对教师，处在和学生沟通互动的前沿，这样的工作定位与职责呼吁教学管理者要具备职业道德与高度责任意识。教学工作涉及范围广，内容多而复杂，很多事都要关注细节。有些事情看似很小，但实际上却关系深远，就拿传达上级文件精神来说，这样的工作年年重复，特别容易引起认知层面的麻痹大意。这些事情看似很小，但是如果在这样的事情上出现管理差错，会直接导致院部甚至全校教学秩序发生混乱，造成教育教学难以有效推进，危害极大。因此教学管理者必须具备精诚合作的精神。高校教学管理的一个重要特征是层次化管理，既有独立，又有彼此的团结配合。只有具备团队协作精神，懂得如何合作和协调，才能全方位地处理好实际工作，做好分工，有条不紊地解决好诸多问题。其次，教学管理者的业务水平与能力素质是独立开展教学管理工作，有效突破实际难题，完成各项管理任务的根本。学校方面要关注教学管理者业务素质水平的提升，使其能够熟练把握以及运用好高等教育的专业化知识，把握教学管理基本理论与专业知识，有效评估教育教学的发展态势，协调不同部门与不同因素之间的关系，推动信息的顺畅流动，革新管理策略，全面提升管理水平；从实际出发开展教育科学研究和实验活动，有效推动教育管理现代化与科学化。

（二）正确处理教学管理与教学质量的关系

教学管理是学校针对教学工作不同环节而开展的管理活动，结合既定管理目标与原则对教育教学实施有效调控。教学管理各环节均与教学质量存在着密不可分的关联。教学管理涉及的内容非常广泛，从教学质量评价系统来看，包括培养方案、教学计划的制订，教学任务的安排，教学跟踪监测，信息收集，信息统计分析，质量评价等内容。与此同时，要特别注意结合反馈信息以及评估结果来进行教学计划的革新调控。每一项具体工作又会包括很多不同的方面。教学管理一定要紧紧围绕全面提升教学质量这个中心工作来实施，高校应该全面革新与健全教学管理体制，积极建立有助于新型人才培养的教学管理制度。

（三）正确处理教学管理人员与教师教学任务的关系

教学管理者与教师共同担负着教育使命，前者以整合利用教育资源为主，后者以传播知识和启迪思想为主，管理育人与教书育人相辅相成，二者存在互相影响与作用的关联，属于同一个目的之下的不同层面，主要体现在以下几个方面。

第一，教学管理者是衔接教师和学生的纽带，负责协调处理二者之间的矛盾问题，有效地营造优质的教学环境，确保教学和学习活动的有序开展。

第二，教学管理者利用整理分析教师教学质量信息，反馈教学和学习的实际情况，合理给出科学化评定。检查考核教师在教育教学当中体现出来的学术与教学水平，评估其敬业精神，归纳评估教师是否认真完成教育任务及指标、规划，促使教师结合社会发展与市场需要，提升教学水平，培养高质量人才。

第三，教学管理者与教师共同参与学校各项事业的建设过程，如课程建设和教材建设等。利用对教学的调查研究与分析工作，提出改革和优化教学的方案计划。

第四，大学管理者给教师提供教育教学方面的帮助，营造优良教学环境，促使教师可以集中注意力投入到教学活动当中。

（四）注重教学管理与教学研究的关系

教学管理是一项系统性工程，需要长时间的建设与积累。高校完成日常教学管理，维护教学秩序，只是完成了第一层次的工作，标志着拥有了良好工作基础与教学环境。要想真正提升人才培养质量与教学管理质量，还必须积极促进教育教学研究工作的开展。大量教育实践表明：关注教育教学研究的高校，其教学工作的指导思想明确、目标选择恰当，能审时度势，从国情、校情出发确立新思想、新思路、新措施、新制度，教学工作和管理工作处于高质量状态。教学管理和教学管理研究开展较差的学校，其教学改革往往比较落后，抓不住教学改革的重点与核心。结合这样的特征，要特别关注教育教学研究工作，把握好提升教学管理效益与质量的关键点。

第五节　高校教育管理的意义

教学管理是高校教育工作的重要组成部分，对培养高质量的人才起着重要的作用。教育部原部长周济在第二次全国普通高等学校本科教学工作会议上指出：当前加强教学工作的主要任务和基本举措是加大教学投入，强化教学管理，深化教学改革。这既需要各高校结合本校实际，健全和完善各项教学工作的规章制度，还需要采取措施，确保各项规章制度的严格执行。高校实施先进有效的教学管理，离不开高素质的教学管理人员。只有具备一支业务能力强、创新意识强、实干精神强的教学管理队伍，高校的教学管理水平才能不断地提高。

一、教学管理人员具备的素质能力

现代教育要求高校教学管理必须适应时代的发展，对教学管理工作者提出了更高的要求，要求他们具备多方面的综合能力和素质，具体表现在以下几个方面。

（一）具备高尚的道德素质

良好的道德素质是搞好教学管理工作的基本条件。高校教学管理人员的道德素质如何，直接关系到学校教书育人的成效。"学为人师，行为世范"，教学管理人员应以自身的思想、学识和言行以及道德人格力量直接影响学生，从而做到管理育人。

（二）具备强烈的责任心

教学管理工作既有较强的连续性，又会遇到新情况、新问题；工作头绪多，任务重。强烈的责任心能产生工作主动性，是教学管理人员必备的品德。例如，每学期的期末考试，从安排、组织考试，到上报各种考试报表，再到各科试卷、成绩单的整理归档，每个环节都必须认真负责，才能较好地完成工作。

（三）具备扎实的业务知识素质

首先，要掌握系统的管理学知识。随着教学体制改革的不断深入，教学管理人员应掌握系统的管理学知识，按照管理规律办事。采用科学的管理方法，合理地分配人力、物力、财力，提高教学管理工作的效率。其次，要掌握相关学科知识，这是搞好教学管理工作的基础。院级教学管理人员应了解本院各专业的培养目标、课程体系及各教学环节的有关内容。最后，随着科学技术的飞速发展，办公自动化的程度越来越高，教学管理人员应学习和掌握相关的信息技术，如掌握学籍管理系统、教材管理系统、教务管理系统、教学评估系统、毕业证书管理系统的应用及有关日常文书处理软件的使用等，促进教学管理方法的创新，以保证教学管理工作的规范化、科学化和现代化。

（四）具备较强的工作能力素质

能力是使教学管理活动顺利完成并获得预期效果的基础和保障，能力培养和提高甚为重要。一名优秀的教学管理人员应具备一定的组织管理能力，较强的协调应变能力，利用现代化设备获取信息、处理信息的能力，较强的调查研究能力及团队协作能力等。这些能力是教学管理人员准确评估教学的发展趋势，协调各教学单位之间的相互关系，促进教学信息良性流动所应该具备的基本素质能力。

二、教学管理的重要性

从世界高等教育的发展趋势来看，深化教学管理是当今世界高等教育发展趋势的客观要求。提高人才培养质量是世界各国面临的共同课题，高等学校都在思考"21世纪的高等教育应该如何发展"的问题。严格规范的教学管理，特别是加强教学质量的控制，是提高高等教育质量的重要保证，向管理要质量是教学改革的重要任务之一。

目前，中国高等教育规模位居世界第一。但教育大国不等于教育强国。有相当一批院校还没有形成健全、完善的科学管理制度。由于办学规模的不断扩大，师资队伍的结构发生了较大的变化，教学和管理的经验不足，对传统继承研究不够，教学管理队伍的建设还没得到充分的重视；且教学管理干部变更频繁，管理干部的素质结构和水平、教育思想的观念还不能适应现代化高等教育快速发展的要求，这在一定程度上制约了教育教学改革的深入和健康发展。

从高等学校教学和管理队伍的历史、发展和形成来看，目前绝大多数从事教学管理工作的人员在校学习期间缺乏系统的"教育学""心理学""教育管理学"等专业技术知识的学习。大部分人员是通过在实际工作中的不断探索而积累经验的，不能够从理论上、教学规律上更好地把握教育工作和教学改革的建设工作。

从高等教育科学的发展来看，许多学校没有把高等教育教学管理作为一门科学来对待。学校的教育教学管理不到位，没有形成必要的校内外教育研究信息沟通机制。学校缺乏教育教学研究的氛围，缺乏有组织、有计划、有目的的教育教学及管理研究，对学习、借鉴、继承、发展等一系列问题缺乏系统的思考和具体安排。

三、管理队伍建设的意义

建设一支综合素质过硬的教学管理团队，是有效提升高校核心竞争力的重要举措。截止到2023年6月，我国高校有3072所，其中普通高校2820所，在校生总数达到4183万人。随着社会的发展，高校间的竞争越来越激烈。如何招到更多的优秀学生，如何培养出更多的高素质学生，如何使本校的学生在就业市场占据有利的地位，成为各高校普遍关注的重要问题。而从新生入学、过程培养，到毕业生离校的整个学习过程，任何一个环节都离不开教学管理的保障。教学管理队伍实力强，贯穿于教学过程中的理念就先进，制度就健全，教与学的环境就更严谨、公正，学生掌握的知识和技能就更全面。加强管理队伍建设将使教学质量得到提高和保障。

加强教学管理队伍建设是提升学校教学工作水平的必由之路。2006年，教育部关于《普通高等学校本科教学工作水平评估方案》列出了19项二级指标，"管理队伍"是其中的考核项目之一；第二次全国本科教学工作会议后出台的《关于进一步加强高等学校本科教学工作若干意见》中，教育部共提出 16 项具体要求，强调"强化教学管理……加强教学管理队伍建设"。由此可见，在考查教学管理水平时，教学管理队伍建设是重要的评价指标。在实际工作中，教学管理队伍也确实为提升教学工作水平发挥了关键性的作用。无论是办学指导思想、师资队伍建设、教学条件和利用、专业建设与教学改革，还是教学管理、学风与教学效果，所有这些决定教学水平的项目，都与教学管理人员的工作水平息息相关。只有加强教学管理队伍建设，并将高素质的教师队伍与高质量的教学组织管理有机结合起来，才能创造出良好的教育教学质量，不断地提升教学工作水平。

加强教学管理队伍建设是提高人才培养质量的重要手段。人才培养是高等学校的根本任务，质量是高等学校的生命线。为全面提高人才培养质量，必须强化教学管理，深化教学改革，积极推进教育创新，尤其是要推进人才培养模式、课程体系、教学内容和教学方法的改革，促进传授知识、培养能力、提高素质的协调发展。教学管理人员是深化改革、推进创新的主要策划者、实施者和监督者。教学管理队伍的水平直接决定了学校教学改革的广度、深度和力度。所以，提高人才培养质量必须加强教学管理队伍的建设。

第六节　高校大数据教育管理一般性分析

高校大数据教育管理是教育现代化的客观要求，其具有科学性、及时性、互动性、差异性及权变性等特点，从而具有传统高校教育管理无法比拟的优势。在高校大数据教育管理实践中，相关关系和因果关系仍是高校事务之间最主要的两种关系，它们并不是相互排斥的，相关关系不仅不能取代因果关系，而且快速清晰的相关关系分析为寻找因果关系提供指导和帮助作用。只不过，高校教育管理中的大数据与商业领域中的大数据运用有着根本区别：商业领域不太重视因果关系，比较重视相关关系；而高校大数据以相关关系为切入点，最终寻找特殊的相关关系——因果关系。

一、高校教育管理大数据的类型

大数据技术是高校教育管理由传统的科学管理向文化管理进化的重要力量，随着高校大数据平台的建设，教育信息技术在校园的广泛运用，高校教育管理大数据呈现出多样化、复杂化、动态化的趋势。从不同的角度划分，高校教育管理大数据具有不同类型。

（一）按性质划分

按性质划分，我国高校教育管理大数据可分为结构化数据、半结构化数据和非结构化数据。结构化数据是工整的数据，其可以用二维表的形式来进行逻辑表达，属于关系型数据。非结构化数据包括所有格式的办公文档、文本、图片、智能硬件结合数据、标准通用标记语言下的子集 XML、HTML、各类报表、GPS 数据、图像和音频 / 视频信息等教学资源，不适合用二维表存储。而半结构化数据，顾名思义，其既不属于结构工整数据，也不属于非结构工整数据，而是介于二者之间的数据，如 HTML 文档就属于半结构化数据。半结构化数据一般是自描述性的，数据的结构和内容混在一起，是用树、图来表达的数据。和其他领域的大数据相比有着相似的特征，目前，在我国高校大数据中，非结构化数据占主流，达到 80% 左右。据相关研究预测，未来我国高校非结构化数据将占到 95%。

（二）按来源划分

按数据来源划分，我国高校教育管理大数据可分为两类：一类来自教育系统内部，与教育教学有关的数据，包括高校教学、科研、人事、学工、党团、后勤、图书等部门生产的大数据，这是教育管理大数据的主要来源；一类是来自外部数据源的数据，特别是互联网和社交媒体产生的数据。随着 Facebook、腾讯 QQ、微信及微博等社交媒体的发展和移动 5G、宽带及局域网的发展，大学生网络化存在趋势加剧，24 小时挂网活动现象不断增加，与此同时产生的大数据也在不断增加。根据数据生产部门不同，也可以把高校教育大数据分为四类：教学类数据、管理类数据、科研类数据以及服务类数据。

（三）按主体划分

按主体划分，我国高校教育管理大数据可分为学生教育管理类大数据、教师教育管理类大数据、综合教育管理类大数据和第三方应用大数据四类。学生管理类大数据主要来源于学生的学习和生活及社交数据活动，如学生的基本信息、考勤、作业、成绩、评奖评优、参加的各级各类活动表现及学生网络轨迹及表现等。教师管理数据主要包括教师基本信息、备课教案、课堂教学、作业批改、答疑解惑、科研数据、评奖评优、进修培训、参加的各类活动数据及社交活动、网络活动数据等。综合管理类数据包括学校基本信息数据、学校各项评比类数据、学校各项奖励等。第三方应用类大数据，包括金融缴费、教学资源、生活服务、云课堂、微课及慕课（MOOC）资源等。

（四）按数据结构划分

按数据结构划分，高校教育管理大数据的结构可分为四层，从内到外分别是：基础层（教育基础数据）、状态层（教育装备、环境与业务的运行状态数据）、资源层（各种形态的教学资源）和行为层（教育用户的行为数据）。一般而言，基础层和资源层数据属于结果性数据，状态层和行为层数据属于过程性数据。基础层大数据主要包括人事系统、学籍系统、资产系统数据等，主要服务于高校管理者宏观掌握高校发展状态科学决策，一般是结构性数据；状态层数据在智慧校园中主要靠传感器获取，主要服务于高校管理者掌握各项教学业务运行状况，优化教育环境；资源层数据以非结构化数据为主，主要包括网络教学资源（以MOOC、微课、APP电子书等形式存在），也包括上课过程中整理的笔记、试题等动态生成性资源；行为层数据包括教师行为和学生行为数据，教师行为数据占主体，主要服务于个性化学习、学习路径推送、行为预测和发展性评价。

二、高校大数据教育管理的特点

传统高校教育管理存在人员薄弱、形式单一、反馈不足等诸多弊端，这与教育管理现代化的发展要求相悖。高校大数据教育管理则可成功破解以上难题，发挥及时性、互动性、差异性、科学性、权变性等特点和优势，彰显数据管理的魅力。

（一）高校大数据教育管理的科学性

传统高校教育管理决策模式大致有四种：依靠决策者的理性认知来决策的"官僚主义模式"，通过"合意"过程来平衡大学内部多方群体利益的"学院型"模式，通过"扩散"程序表达不同群体利益的"政治型"模式，决策程序无章可循、随意性大的"有组织的无政府型"模式。这四种模式的共同弱点就是决策者的"有限理性"，缺乏科学性。而大数据的核心是预测规律，高校大数据克服了传统小数据的局限性和不能反映整体的弊端，通过全面的考察，洞察隐藏在师生复杂、混乱数据背后的行为规律，从而提高教育管理的科学性。马克·吐温说过历史不会重演，但总会惊人的相似。预测人类的行为是一个经久不衰的梦想，科学家为之努力了上千年，大数据使这个梦想变为现实。人类 93% 的行为是可以预测的、是有规律的，"人类的大部分行为都受制于规律、模型以及原理法则，而且它们的可重现性和可预测性与自然科学不相上下"。[①]"人类跟悬浮在水中的花粉微粒其实没有什么不同。受到某种与花粉运动一样神秘原因的驱动，人类大部分时间也是在运动不止。不同的是，人类不是受到微小而不可见的原子撞击，而是被转化为一系列任务、责任以及动机的不可见的神经元的颤动所驱使。"[②]利用大数据技术能提高高校教育管理的科学性。高校教师的科研数据、教学数据、评奖评优数据、参加各类大赛数据及其生活、作息、交友、娱乐等数据之间，以及它们与学校的管理机制、制度、投入等都有着诸多关联，这些数据背后隐藏着规律。比如，可以通过对科研成绩斐然教师的作息与科研之间的关系、兴趣爱好与科研之间的关系、教学成效与科研的关系等诸多维度进行数据关联分析，建立数据模型，寻找其中的规律，为科学决策提供依据，从而更好地制定学校科研政策、教

---

① ［美］艾伯特-拉斯洛·巴拉巴西. 爆发：大数据时代预见未来的新思维 [M]. 马慧译. 北京：中国人民大学出版社，2012.

② ［美］艾伯特-拉斯洛·巴拉巴西. 爆发：大数据时代预见未来的新思维 [M]. 马慧译. 北京：中国人民大学出版社，2012.

学管理制度及评价制度。同时，高校教育管理大数据对于学生的学习与需求、舆情监控及科学决策都有重要意义。学生的学习成绩、能力素质、上网习惯、图书借阅、就餐情况等之间互相存在某种关联，通过数据分析，寻找这种关联和规律，提高教育管理的科学性，从而收到"事半功倍"的效果。

（二）高校大数据教育管理的及时性

"智慧校园"的前提是教育管理信息化，大数据技术是高校教育管理智慧之道的依凭。"事后诸葛亮"空遗憾，而"兵贵神速"要求抢抓先机。高校教育管理大数据是及时的、当下的，具有预警性，这为教育管理者抓住关键时期开展工作提供了技术保障。在网络深度覆盖的校园里，师生活动处处有数据、有信息，合成空前的数据海洋。其中的信息暂不考虑其现象是否与本质完全吻合，但是一些异常的信息和规律性的信息总是会在海量数据中涌现出来。对异常的信息，通过相应数据技术设立容忍度和临界点，使之达到界限后启动报警系统，最终起到防患于未然的作用。学生的交际问题、学业问题、就业问题、感情问题及经济问题等，都必然会通过各种媒介得到展示与宣泄，而高校利用大数据技术，可以做到因势利导、超前谋划、及时预防和处理危机事件，避免或减少相关损害。设想一下，如果南京某高校建立了基于大数据平台的师生行为预警机制，那么教师违反师德的行为就应早发现、早处理。学校贴吧及校长邮箱等早有相关诉求的表达，学生的QQ、微博也早有消极无望情感的表达，如果及早引起重视，那么硕士生因与导师关系紧张而选择自杀身亡的悲剧也许就可以避免了。这也说明了高校建立基于大数据的预警机制尤为重要。

（三）高校大数据教育管理的差异性

高校大数据教育管理的及时性、科学性是从宏观角度来讲的，而高校大数据教育管理的个性化，则是从微观角度来讲的。因材施教、个性化管理和多样化人才培养一直是教育的理想，高校教育管理对象具有差异性，正如马克思所说："我的对象只能是我的一种本质力量的确证，也就是说，它只能像我的本质力量作为一种主体能力自为地存在着那样对我存在，因为任何一个对象对我的意义，都以我的感觉所及的程度为限。"①理性与道德只有在自我确认中才能成为一种"为我"的存在，从而在肯定人的生命的前提下，促进人的全面发展。尊重大学生的个性特点、兴趣爱好、能力差异、家庭背景差异等，是高校教育管理者做好教育教学管理和服务工作的前提。尊重是爱、尊重是方法、尊重是境界。局限于技术及精力，在过去，高校教育管理者要做到见微知著是比较困难的，但是在大数据时代，这一切都变得更加容易。大数据教育教学资源，可以为学生量身定做适合个性特征的培养方案和课程清单，让学生突破时空限制，享受高质量的教育教学资源。大数据时代个性学习，不仅对个体有着显微镜的功能，同时也可以预测学生群体活动的轨迹和规律，为高校教师改进教学提供有效反馈。因此，大数据技术是高校精准教育和精准帮扶的重要保障。

（四）高校大数据教育管理的互动性

基于大数据的高校教育管理克服了传统教育管理中的单向度缺陷，实现了师生的互动，从而产生互动效应。互动效应在心理学上指两个或两个以上的个体通过相互作用而彼此影响从而联合起来产生增力的现象，亦可称之为耦合效应或互动效应、联动效应，一般来讲，赋予积极的感情行动，将会收获积极的感情反应。高校单向传授和灌输式的传统教育教学方式，由于缺乏感情的耦合联动，导致教育教学缺乏实效性。在大数据教学平台上，高校教师与学生可以即时互动、答疑解惑、传道授业。对于学生做题的速度、学习的进度，教师可以实时监控，做出处理，其他学习者也可以做出解释和指导。在这样的学习互动氛围中，信任、支持、谨慎、勤奋及求精等情感信息释放，从而在整个群体中产生积极的互动效应。思想政治教育工作也是如此，针对教育命题，鼓励大学生积极参与，充分发挥其主人翁精神，为问题的解决和学校正能量的传播贡献计策；在学校社交平台或学习平台上，针对就业困惑、心理困惑及学习困惑等，充分发挥朋辈效应的作用，使学生自我教育、自我发展，从而实现教育的"润物无声"。

---

① ［德］马克思，恩格斯 . 马克思恩格斯文集（第 1 卷）[M]．北京：人民出版社，2009.

（五）高校大数据教育管理的整合性

高校大数据的整合包括高校内部和高校外部资源的整合。只有不断整合资源，才能使资源的利用价值最大化。高校通过大数据技术可以很好地实现资源整合。初级层次的资源整合是学校内部各部门、各单位之间的数据资源整合。通过大数据平台的建立，可以打破部门数据分割，实现数据共享，促进数据公开和流通。高校之间及区域之间的大数据平台建立是资源整合的高级层次，这对于促进整个地区乃至国家的教育发展、资源节约具有重要的战略意义。在发达国家，利用大数据技术进行资源整合的步伐已经走在前面。2012 年以来，美国的顶尖大学陆续设立网络学习平台。目前，世界上主要的慕课平台有课程时代（Coursera）、在线大学（Edacity）和哈佛大学与麻省理工学院共建的在线课程项目（edX）等。这些慕课平台的建立，不仅提高了这些高校的全球知名度和社会美誉度，而且对传播优质教育资源、促进教育发展都有着举足轻重的作用。美国科罗拉多州教育部开发全州纵向数据系统（SLDS），旨在将全州 178 个学区和 28 所公立高校的学生数据与福利、收入和劳动力等数据进行整合，用于进行洲际学生表现的比较、各学段学业成绩关联及就业与学业关联等分析。这对于我国具有重要的启发和借鉴意义。我国高校目前也在资源整合方面取得了一定的成绩，如清华大学、北京大学、上海交通大学及复旦大学等已建立起面向社会开放的大规模课程平台，"中国大学 MOOC"受益面不断扩大。

（六）高校大数据教育管理的权变性

"没有绝对最好的东西，一切随条件而定。"[①] 权变管理的核心思想就是"以变制变"。管理没有定法，只能根据外部环境和内部要素的变化而采取不同的方法策略。对学生而言教育教学管理没有一劳永逸的万全之策，也没有放之四海而皆准的适用公理，更无适用一切学生的万能公式。学生的学习数据、教师的教学数据、管理人员的行为数据、监控中的安全数据等，都是动态的、实时的，形成

[①] [美] 费莱蒙特·E. 卡斯特，詹姆斯·E. 罗森茨维克. 组织与管理：系统方法与权变方法 [M]. 傅严，李柱流等译. 北京：中国社会科学出版社，2000.

一股股信息流，一切都是不断向前流动的过程，故而"变"是高校教育管理永恒的主题。这就要求高校教育管理人员要及时掌握管理对象和管理内外部环境的变化情况，研究各种变化的趋势和规律，并研究各种变化之间可能的相互作用及后果，从而提前采取科学、适宜的方式来有效应对。大数据技术为高校教育管理者及时获取管理对象的各种信息提供了技术保障，大数据的海量、快速、动态和便捷性有利于高校教育管理权变性的实现。

第四章 高校教育信息化管理问题及策略

第一节 教育管理信息化中的问题

一、管理观念和体制滞后问题

高校教育管理信息化已实行多年，但具体到实施过程，大多高校仍然把精力投入到主要建筑和硬件平台，而忽略了对现代、高效和智能化的教育管理理念、教育管理的理解。教育管理严重滞后，管理的概念、理论，还是习惯于传统的教学模式，管理模式没有与时俱进。其原因主要在于高校决策部门没有发挥作用，且有关制度不健全，没有设置专门的职能人员。

二、没有全面深入的认识

在教学信息管理方面，高校对于它的重视程度不尽相同，存在以下问题。一是相应的规划和机制没有建立以及完善，没有给予足够的重视。二是一些高校忽视教育管理的核心任务，只重视管理教学。三是在机构设置方面，人员配备的问题没有得到解决，没有相应的信息。四是仍有大量的工作，目前还不能有效地应用信息技术，管理方面也不健全。

三、信息资源建设跟不上时代发展的问题

教育管理信息化的基础主要是对信息资源的有力建设，然而信息资源建设在我国很落后。一是缺乏强有力的教育行政部门的指导和协调。二是高校之间没有沟通，也没有基本的系统去支持建设。三是学校内部各部门之间很少进行沟通协作。管理的分离，使得教育管理的数据共享无法得到充分实现，由此使各部分之间脱节，产生了很多不必要的行为，也使得数据的准确性大大降低；这样分散的部门各自对管理信息系统进行关于本部门的工作安排，使得数据被多次采集，增加了工作的负担，且使学校整体的工作没有得到有效的改进，还浪费了人力。

四、信息资源的建设不够规范的问题

教育管理信息化最主要还是进行信息资源的发展，开发和建设信息资源是教育管理信息化建设的基础，同时也需要不断进行探索才能有所发展。信息资源的标准化问题在整个教育管理信息系统中起着关键作用。信息的编码规则是不是实用、直观，能否被广泛应用，它的前瞻性又能不能和现在及未来的教育管理模式相适应，都需要加以考虑。采集数据时，要把握数据的精确性，用科学的方法得到科学的数据结果。只有把信息技术和教学信息资源有机地结合起来，才能建立科学的教育管理信息系统。

五、教育管理信息系统的开发问题

教育管理信息系统是用来支撑和实行多校区远程教育管理的核心软件。它作为一个复杂的项目，需要投入大量资金，能涵盖很多区域，功能很强大，同时对技术的要求很高，需要长期开发才能实现。在开发的过程中，软件编程和代码编写都要求由专业的有丰富经验的、了解教育管理、具备教育管理经验、并且通晓软件开发的条件和机制的人员来完成。事实上，对于普通高校来说，宜采取引进

与购买两种发展相结合的方式。这样可以缩短软件开发周期、降低成本，二者的开发主要是根据学校的实际管理需要来进行个性化设置。

六、教育管理制度的定位问题

作为一个普通高校，尤其是新的大学，教育管理体制是学年制，如果完全实行学分制的直接飞跃，教师和学生还不能完全适应现有的管理。在教育管理系统中学年学分制教育管理制度的定位，应对学分制教育管理制度逐步过渡。

七、教育管理队伍的建设问题

教育管理信息化对教育管理团队的综合素质有了更高的要求。教育管理人员必须知道当今教育理念，有丰富的管理知识，并且懂得去不断创新，由于教育管理信息系统全面依托于网络这个平台，所以必须掌握网络技术，教育管理者必然是具备高素质的全面发展的人才。高校不仅要重视硬件和软件的管理人员，更应该注重教育管理各级人员的培训，提高实际应用能力、信息素养以及信息技术方面的知识储备。此外，高校信息管理的制度要健全，特别是考核和奖惩制度，只有这些制度科学规范了，才可以有效激励和促进教育管理队伍的发展。

八、信息通信技术（ICT）与教育管理融合不和谐

目前，高校教育管理信息化仍在不断地探索，从单纯的信息和通信技术的研究和探讨，指出教育教学指导法的不足；从单纯的管理理论和教育教学的规律，研究ICT支持的缺乏。主要表现在以下几个方面。

1.高校教育管理实践在发展中，矛盾体现在两方面：一是继承传统的教育管理模式，应对新的问题和产生的新技术，在新形势下由于固有的传统的思维样式，且没有与时俱进的理论与思想的指引，不知所措。二是信息技术已应用于教学和

教育管理，但应用不理想，管理效率低下的现象仍然十分严重，资源浪费现象还普遍存在。

2.对系统规划和协调，缺乏教育管理信息化的建设，宏观层面无法从学校和高等教育教育管理系统、应用平台等方面完全利用信息资源，更无法实现资源共享，这样就会使管理的效率难以有效提升。

3.由于信息的标准化程度不够，因而我国教育软件业开发出来的产品各有不同，使很多信息各自孤立，很难完全得到应用。

4.ICT和教育管理的共融还难以实现。怎样使软件输出的资料适应教育教学基本规律以及使现代教育中管理的理论与应用系统有效结合，让人性化管理和个性化服务的特点得以彰显，是教育界和ICT界亟须解决的问题。

第二节　教育信息化管理问题的影响因素

一、了解教育管理信息化不够全面

对于教学信息管理的重要性，高校的认知程度不同，规划和决策机制也不够全面，对相关人员的安排不够合理，并且无相应的信息和科学队伍，在复杂和混乱的局面下，仍有大量的工作要做。目前还不能充分利用信息技术，成套的科学管理系统至今没有开发出来。有人称，电脑可以取代办公室的作用，有些管理者害怕员工的热情会因为信息技术的发展而淡化。

二、领导及协调没有落到实处

如今，在中国高校信息资源建设中，因为缺乏有效的引导和协调，教育行政部门在宏观层面上，促进信息资源发展的建设不够；缺乏统一标准，在开发方面导致重复建设；调和性不足，在信息资源的建设方面缺乏协调和互助，散布的人力和其他原因致使信息资源改建、扩建严重滞后。

三、成套的政策支持与合作机制极少

高校的开放得益于教育治理信息化，信息资源的共用又得益于高校的开放。当代高校，既有为各自利益的较为封闭的运行体系，又有资源共用及教师个体权益的重新分配，支持及调和的方法的创新，这些都是需要抓紧解决的问题。此外，对教师综合素质的要求及其适应信息时代的能力，在对其教学的评议中都应有所表现，同时奖惩与激励方式亦应创新与改进。所以，科学的教务治理系统的开发是很有必要的。

四、师资队伍建设跟不上信息化建设的脚步

一是因为传统教育观念对教师根深蒂固的影响。二是在新时代背景下，对教师的能力有了更多新的要求，无论是知识结构，还是管理知识、技术知识等具体知识，抑或思维和极佳地融合书本内容与网络信息的能力都要有所提高，同时在组织教学活动中有意识地使用信息技术手段的能力也是必需的。然而，目前中国高校的教学人员，这方面的素质和能力都比较弱，所以在信息化与科学化背景下的教育管理工作的要求不太容易实现。

五、用于教育管理信息化建设的资金有限

教育管理信息系统是一个复杂整体，由一系列软硬件组成。必须有足够的资金投入支持，这样才能确保系统开发工作顺利进行。然而，在经费问题上，我国大部分高校存在较大困难，很难保证有足够的资金投入，如此就在一定程度上阻碍了教育管理信息化建设的进展。

第三节　高校教育管理信息化路径

一、创新高校教育管理体制

（一）高校教育管理体制需要在信息化下进行改革

管理系统包括三个方面的内容：隶属关系的确立、组织结构的建立和管理权限的划分。高校教育管理系统是指对高校教育管理的组织结构和权力归属进行划分，划分时既要注重培养目标的特殊性，又要体现教学水平，更要遵循教育教学规律。传统的大学教育管理结构是金字塔型结构，是由官僚式组织结构形成的垂直的自上而下模式，"强调管理结构位于上层组织结构上的责任和权威"。教育机构是这个方面的代表。教育家罗泰（Lortie，1969，p.4）就曾表示，学校里面，管理权集中在最顶端，权力集中分配，按等级分配。

它要求改变传统的教育管理体制，创造教育管理体制。在当今信息时代，学校的环境变得更复杂、更多样，这要求学校的管理方式既要多样化，也要兼顾个性化。传统的教育管理体制不灵活，对于内外环境的变化应对不及时，过于僵化。新技术环境冲破了原有教育结构的刚性布局，僵化的条理信息传达形成了灵活多变的结构和扁平化的信息传递渠道。因此，对传统校园教育管理体制进行改革是很有必要的。在改革过程中，信息技术提供了强有力的支持，为教育管理体制改革注入了新的活力，在学校管理组织体系中应用广泛。同时，信息社会的到来，对教育管理者的素养提出了更高的要求。

（二）高校教育管理组织机构的变化

我们可以从以下几项对组织的结构进行评价：①责任性，组织的每个成员都应该对组织负责；②适应性，组织要随时间变化进行革新；③及时性，要及时完成工作，速度要快；④响应性，对组织外部环境需求要及时响应；⑤效率，组织成员要可靠地完成任务，并且要考虑到资源的经济性，简单说就是又快又好。根据以上几项的要求，需要设计一种扁平化的教育管理组织结构，对现有组织结构进行改革。高校教育管理是指要取消教学机构管理组织中的大部分中间管理层，加速管理组织的扁平化，以达到减少中层管理团队的目的。在大数据环境下，教育管理组织的扁平化是有可能的，也是必要的。有以下几点原因：①对组织结构进行扁平化处理，有助于充分发挥基层管理人员的能动性，给他们以更广阔的发展空间；②大量烦琐的、需要人来完成的工作，可以由计算机或者自动化设备完成；③由于网络交互的特性，决策层和执行层的信息传递更加方便快捷，一些中间层管理机构可以取消，从而使得加强管理幅度成为可能。

（三）高校教育管理权限的重新划分

在高校教育管理的组织环境下大数据趋于简化，但组织关系更为复杂，这是因为缩简机构，减少管理人员的数量，导致机构之间、管理人员之间以及机构和管理人员之间的关系更为复杂。系统发展后，会逐渐变得更加复杂。这时，日常管理权如果继续收归中央机构，就会变得难以维系，中央机构必须把部分管理权下放到基层。

对于高校来说，高校层面是宏观层面的管理，教学质量与高校层面的有效协调与控制有着密切的关系。因此，高校应对整个学校的所有专业进行管理，具体内容包括领导学校招生和分配工作，对全校教育管理的重大问题做出决策，制定学校教育管理规章制度，建立科学合理的教学质量评价体系，制订合理的培训计划，制订或修订教学计划，对实习进行安排、对公共选修课和文化素质课进行安排，对学生进行管理，加快教学科研所需的信息系统以及教学基础设施的建立。当然，在这些管理活动中，教师和学生的意见不容忽视。学校管理系统的职能一是宏观管理，二是为教学工作提供方便，三是决策。我们应该注意到，这些管理活动在不同部门的分工不同，赋予各部门的权限也不同，怎么分工、如何赋权，值得探讨。学校（系）级各部门层面有自己比较完整的教学管理组织结构，如有多个部门和相应的教学秘书，有教务处，对学生的工作负有特殊的责任，有分配学校教育经费的权力、制订各学科的教学计划，负责部门课程安排、教师安排的权力；制订更加详细的专业教学计划，如组织教学研究活动、教学质量评价、各种考试的组织、实验设计和实践安排；负责学院和学生的奖惩等处理以及院（系）、学校教学之间的协调问题等。在这一系列活动中，师生参与决策。

高校教育管理涉及个系主任或部门负责人的教学，涉及相关负责人、副校长、主任及教职人员、教育管理人员和全体师生。如何将教育管理权分配给这些人才能达到最优？考虑到管理者可以在其所在权力范围内行使权力，而教师实施教学、学生进行学习，他们的权利得不到保障，所以这里着重介绍教师和学生的权力。传统的教育管理权主要归校长和负责教学工作的副校长所有，教学活动在教学部门的领导下开展，教师听从院长的安排，按照统一的教学纲领对学生进行知识的传授。然后教师布置要学习的各种知识，学生学会如何学习。至于要学什么，在教育管理中，谁也没有发言权。也就是说，教育管理的权威掌握在学校领导手中，教师和学生手上基本没有这方面的权力。为了能够让教学活动变得既有效又有趣，应该将更多的权力和更多的自由还给教师和学生。首先，教师和学生在涉及教学层面的重大决策和决议上，都有评价权、提案权甚至决策权，而且这些权力应该设立具体的规章制度来进行保障。其次，对于教师，他们可以选择教学对象、研究项目，并得出自己的结论；对于学生，在正确的方法指导和学习的前提下，具有选择选修课程的自由、选择相关专业的自由、选择教师的自由和选择学习内容的自由，并且能够形成自己的自由思想，参与教育管理评价。

二、改革和完善高校教育管理

（一）引入先进的管理思想

只有在先进管理理念的指导下，教育管理才能发展起来。在信息化时代下，高校教育管理者除了要具备教育管理能力外，还应具备先进的管理思想。

第一，主动适应的思想。主动适应思想是指教育管理工作应主动适应社会发展需要的人才培养，随时随地捕捉信息社会对人才的需求，及时调整教育管理思路，顺应时代的潮流。主动适应性思维将成为高校教育管理的指导思想，教育管理的主动适应性思维是强调适度分权，针对内部要素和外部环境的变化采用灵活的态度来应对。

第二，以人为本的理念。学校管理的中心工作是教育教学管理。以人为本的管理理念，首先体现在管理过程中强调人的主体地位，使得教师和学生在工作和学习的过程中，参与管理活动的同时，也完善身心、能力和知识等。教师和学生的创新使巨大的潜力得以发挥。因为学生是学习的主体，教师是教学的主体，他们的创造性、积极性的潜力，对于提高教育管理的质量起着举足轻重的作用。因此，在管理过程中要以充分发挥和调动教师和学生的创造性和主观能动性为根本，这样才能提高教学质量。

第三，全面质量管理思想。从根源上说，全面质量管理的思想可以追溯到美国各公司的管理思想。全面质量管理，按国际化组织（ISO）的定义是指"一个组织以质量为中心，以全员参与为基础，目的在于通过让顾客满意和本组织所有成员及社会受益而达到长期成功的途径"[①]。在高等院校的教育管理中实行全面质量管理，主要包括以下几个方面：（1）全过程的质量管理。要保证以教育目标为中心，有序地开展教育教学活动，就要管理各个教育教学环节的质量，并对各环节的"接口"进行管理，抓住教学教育过程的各个环节，确定各个环节达到预先设定的质量标准。（2）全方位的质量管理。要进行综合性的管理，只要是影响或涉及教学质量的环节和因素，就要考虑。比如说对后勤服务部门、管理部门自身等部门的工作质量进行管理，它们的工作都会影响教学质量和教学工作，这是我国高校的实际情况。（3）全员的质量管理。学校的各个部门、每位成员（包括全体教师和学生）都应该主动积极地参与质量管理，努力提高自己的工作质量，以培养高素质的专门人才。

（二）利用信息化手段改革教学计划的管理方式

要深化教学改革，第一步要做的是改革教学计划。有了好的教学计划才能保

---

① 刘源张. 质量管理和质量保证系列国家标准 [M]. 北京：中国标准出版社，1993.

证好的教学质量。制订好教学计划，是建立教学体系、安排教学任务、组织教学过程的基础。教学计划一般是在国家相应教育部门的指导下，考虑全局效益，由教育学家或相关人员独立制订的。教学计划要符合教学规律，一段时间内稳定不变，但长远来看，也要不断及时调整和修正，使之能够适应社会的发展、经济和科学技术的进步。

教育管理者还要改变传统的教学观念，及时修改和调整教学计划。原因有以下几点：一是从社会对人才的要求来看，是因为当今科学技术和社会经济人才发展的要求越来越相似，要综合社会对人才的要求来制订教学计划。二是从人才的成长来看，大学也只是学习的一个阶段，是终身学习的重要组成部分，而不是学习的终点。所以在大学阶段，既要学好专业知识，更要学会学习，还要学会生存，学会共同生活，学会做事，也要注意创新能力和创造能力的培养。三是从整个世界来看，中国已经加入 WTO，经济全球化的趋势发展迅猛，中国的人才要走向世界，在整个世界的舞台上进行竞争，中国教育也要注意国际化人才的培养。

信息化时代要求我们紧跟时代潮流，准确预测社会对人才要求的改变，培养符合国家要求的人才。要达到这个目标，我们应该充分利用信息技术，制订教学计划，并对其实时监控和及时反馈，制定对教学方案的评价标准，使高校毕业生尽量满足社会的要求。

（三）大数据环境下高校教学计划的制订

第一，教学计划应该满足以下几点要求：（1）客观性。要尽量按社会主义市场经济的要求，设计多种人才培养模式，也要尽可能多地考虑未来环境的变化，设计多种智能结构。（2）灵活性。学生要找到适合自己发展潜力的模式，学校要尽可能提供多种不同种类的模式。具体方法可以参考以下建议：学分制方面，可以采用完全学分制。随着信息技术的不断发展，远程高等教育也得到了长足发展，任何科目、任何内容，学生都可以借助网络进行学习，不限于时间和空间；安排教学时，信息技术应该被充分利用，学生有一个充分选择的空间，也要针对不同学生的不同特点设计符合其个性的教学过程；应该将学生培养成这样的人才：整体素质高，基础知识扎实，专业能力强，注重知识的全面发展，能借助网络拓宽自己的知识面，具有终身学习的能力。但是，必须承认大学生的各种类型的要求不可能有一个统一的标准，我们要鼓励自由发展。

第二，制订教学计划的一般程序。通过更广泛的社会调查，了解经济和信息技术发展中使用的人才的技术要求，对培养目标和业务类型进行专业分析；注重有关文件的精神和规定；学校教学计划提出部门意见和要求；主持制定教学纲领，系（院）教学委员会进行审议，由学校教学工作委员会复审核查，核查签字后由执行校长签字确认。

第三，大学教学计划的内容主要包括以下两个方面：确立合理的专业培养目标、设置合适的课程。因为专业培养目标的质量标准、课程的设置与人才的发展息息相关。这里主要研究专业培养目标的确立与课程的设置。在专业设置和专业培训目标的确立上，主要应用了调查的方法。调查的基本步骤包括：①凭借履历或理论分析提出若干备用的选项；②发放调查问卷，让被调查者在备用的选项中选择自己的意见或建议；③对调查结果进行统计分析，按照被选择次数的多少对各个选项进行由多到少排队；④制定一定的规则，看看哪个选项应该占的比重较大。在整个过程中，要充分利用信息技术，借助网络收集信息，收集完成后可以借助计算机对调查信息进行统计分析，得出结果。同时还应注意以下几个方面：一是要进行可靠的预测，对毕业生的就业情况有一定的把握，只有毕业生满足社会的要求，高校才能拥有较高的毕业生就业率；二是引入更多的优秀教师，完备实验仪器和必要的书籍，生活设施也应该尽量完善；三是要有尽可能宽的口径，形成宽口径专业教育模式。目前的情况是教学信息越来越易获取，学习知识也变得更加容易，但是要进行知识的重组和创新变得比较困难，所以我们要重点训练学生的综合素质；四是要有学校自身的特点，学科建设要结合学校的地域优势和传统优势学科；五是考虑专业的冷热门问题，并及时调整，满足需求。

信息时代下，高校实施教育教学管理要按照以下几点来做。首先，应保持相对稳定和严格地执行教学计划。为此可以制定以下两条准则：一是通过注册表或系统执行制备的一年，将其分为学期教学计划和年度教学计划，制定工作表，安排好每个学期的教学任务等；二是由相关部门制定教学组织计划，如社会实践计划、实习计划、实验教学计划、培训计划等。其次，要制定适当的政策以及保证教学基础设施，教育管理要与教师、学生相互配合，这是教学计划顺利实施的内外部条件。在这个过程中要把握五个方面：一是要切实维护教学计划的严肃性和权威性，严格遵守教学计划，根据实际变化可以适当调整；二是在具体的实施过程中，严格选择计划材料，遵照教学大纲的要求；三是加强教师群体的力量，确保一线教学与教学计划一致；四是制订教学质量评价方案并严格监测执行，可以借助信息技术建立自动的监测和反馈系统；五是教学组织与管理要严格按照教学计划进行。

（四）改革学生的培养方式与管理模式

信息时代要求人才具有更高的素质，改革人才的教育方式和管理模式是必要的。信息技术为这项改革提供了条件，帕博尔蒂（Paabort）说，"我认为数字媒体教育的真正贡献，它有它的弹性，使每个人都能找到适合自己的学习方法。它也使每个有抱负的教育家梦想成真，在未来的学习环境中，每个学习者都是特殊的"。[①]

大数据环境下改革学生的培养方式主要体现在以下三个方面。

一是在教学中倡导"参与式"（也称合作教学或合作学习）的教学方法。这种教学方法以提问式教学、开放性内容为特征，问题无标准答案，作业、论文等任务也很少甚至没有，能带给学生充足的自由思考时间和空间。利用网络技术和计算机技术收集相关信息来解答问题，通过对问题的解答来完成学习的过程。在这个过程中，学生不仅掌握了借助网络解答各种问题的能力，而且学会了与"问题"有关的知识。同时，针对不同基础的学生，综合研究推广，分层次地学习和培训，因材施教，针对学生自身的特点确立合适的培养目标，鼓励学生设计制订严格的学习计划，尽可能让每个人都能得到最好的发展。

二是努力培养学生的社会实践能力，加强实践教学。很多情况下实践和实验

---

① 奉中华，张巍，仲心. 大学生教育管理的创新与实践研究 [M]. 长春：吉林人民出版社，2021.

资源的不足会影响实践教学的水平。那么在资源不足的情况下，我们应该怎么做？我们可以利用计算机和网络，编制软件，这个软件具有虚拟实验室的功能，学生可以模拟操作。如利用计算机软件在虚拟实验室中解剖青蛙（数码青蛙）等。虚拟实验室的优点是成本低，而且实验失败后，可以重来，学生可以反复练习，直到熟练掌握；也可以模拟实验现场肉眼不可见或实验过程非常危险或实验环境确实难以建立的情况，来尽量满足实验的要求。

三是鼓励学生跨学科学习，培养全面型人才。当今社会，随着信息技术的发展，新的学科不断涌现，这些学科大部分是由学科交叉形成的。建立交叉学科培养机制，培养学生跨学科背景。在基础学科和谐的高校中，打破不同专业的教育壁垒，要创建跨学科教学的培养机制，可以借鉴国外成功的跨学科教学的经验。具体实现过程如下，以培养计划为基础，为学生选定必修课程，这些课程是跨学科的，包括文学、理学、工学等多个领域，以此来培养学生的综合分析能力，提高学生的创新能力。要提供多种专业、多类课程、多个教师来让学生选择，并允许学生跨部门、跨专业、跨班。这样学生就能根据个人兴趣制定自己的培养目标，进行自主学习。高校应完善相关课程，抓住交叉学科的新增长点，组织多学科的力量开展教研教学，配备必要的教师，形成跨学科的教学模式，培养学生的创新意识，引导学生探索新的领域，全面发展自己。

在学生培养模式改革的基础上，对学生的管理方式也发生了很大变化。目前，大多数高校实行学分制，这是在计划经济时代就形成的管理模式，灵活性不够，刚性太强，共同约束力也太多。在当今大数据环境下，对学生的管理，我们更加提倡注重学生个性化的模式。教师管理系统以学生为中心，学生为主导，教师为辅助，建立学生服务中心。具体操作环节包括：一是建立心理咨询、急救救援、工作研究、学习指导机制，建立相应的社区管理部门；二是以学生宿舍为基础，取消班级，由8~15名学生与教师形成一个整体；三是由研究生或高年级优秀学生协助管理学生，为学生提供指导。这种管理模式可以实现学生的自我教育、自我管理、自我服务，有利于培养学生的综合能力，帮助学生积极发展。

（五）加强课程教学管理改革

再怎么强调课程建设也不过分。从某种意义上讲，课程比专业更重要，因为课程体现了专业。我们要给学生制作丰盛的"宴席"，不只要开出个好的"菜单"，而且每种"菜"都至少应是爽口的。

在信息时代，知识变得越来越重要。高校课程体系的优劣可以从以下几个方面进行评估：一是课程体系的整合，对不同学科之间的课程研究越深入，整合程度越大；二是课程体系的完整性，课程越多，内容越丰富，体系越完整；三是课程体系的可持续发展，是指科学技术的变化和发展，遵循社会课程体系，及时自我调整和自我更新；四是课程体系的平衡结构，课程是指原发性和继发性，层次结构和内部关系相互之间的配合度。根据这些指标，在优化课程体系时，我们应该注意以下几点。

首先，注重更新教学内容，教学内容要具有思想性、科学性、前沿性和创新性。课程内容要及时更新，可以将最新的科学研究成果引入课程，激发学生的学习兴趣，以课堂教学和网络教学相结合的方式，积极开展网上教学。

其次，要重视跨学科课程建设，重视理工科类和文学类学科之间的相互渗透，密切关注综合学科和交叉学科的创建。还应该注意到教材方面存在许多问题。目前的教材都是很久之前的老教材，教材的利用率不高，而且新教材很少。经过对教材展开调查，我们发现5年前写的，在本科教育教学的比例占到50%，3年前编写的教材占30%，新教材的比例太少。为解决这一问题，高校教育管理者应制定相关政策，指导和支持新教材的建设和将其使用在师资培训方面，应加强师资队伍建设。

再次，要重视总结近年来课程体系改革和教学内容的成果和经验，并从中吸收有用的成分，积极扩展教学内容，进行教学改革。我们还应该增加课程的种类和数量。

最后，注重课程比例的合理设置。现如今高校基本实行学分制管理，学生的课程分为必修课和选修课，必修课和选修课之间必须有合理的比例。目前选修课的占比比较低，有待提高。同时也可以在必修课程加入选课系统，将选课义务机制引入课堂，使义务范围扩大，如数学、物理、计算机应用、英语课程有不同的等级，在理论分析中的一些重点，在实际应用中的一些重点，学生可以根据专业方向和自己的兴趣选择相应的课程。

（六）教学评价体系的科学化和规范化的建立

教育评价中教学评价是至关重要的，教学评价就是依据特定的教学目标在教学系统里搜集信息、精确理解，然后再进行科学而全面的分析，从而让评价更客观，并使教学质量的提升有依托，也为改革提供一些凭据。教学评价的教学意义十分重要，它可以用来指导，也可以帮助决策，还能进行适当的反馈。在 20 世纪 90 年代中国高校开展的教学评价工作得到了极快发展，1990 年 10 月，国家教委发布了《普通高等学校教育评估暂行规定》；1994 年 6 月，国家教委又发布了《关于加强普通高等学校教学工作的意见》，由此，高校中教学质量的评价可以反过来影响教学质量，有一定的限制作用。截至 2002 年，全国已有 222 所高校接受本科教学评估。基于提升教学的品质的目的，中国多数高校进行了教学改革，并主动进行教学的评价。

依据高校教学的特点，教学评价的体系应当全面且多元化。教学评价的对象和主体是最先要清楚并确定的。一是教学评价的对象。教学评价按评价对象分为三种：整体教学评价、专业教学评价和教学评价。对一个学校进行教学评价要有宏观的观点，对环境质量、办学水平以及专业人才进行全面的评价；对专业的学校和教学水平去深入而全面的评价就是教学评价，主要应注意教学质量和办学特色；对综合素质进行一个微观状态下的过程的评价亦是教学评价，而较为基础和重要的是高校教学的评估。这里说的是有关于课堂的教学评价。二是教学评价主体。主体多样才能更全面而深入，有自评和他评，去评价自己和教育对象，还有学科专家、管理干部、领导和社会来进行评价。依托现在的网络和计算机技术，使用软件对信息进行分析处理是现今通用的方式。

此外，还应有不同的评价标准，施行多元的评价标准。就学生而言，不同情况标准应有所不同，如学校、专业和年龄等。主要包括以下几个方面：

第一，个别学生的多样性。不同的学生差别较大，不仅与先天遗传因素有关，后天的环境和教育因素也起到很大作用，每个学生对于自己的意识还有自己付出的努力的不同，形成了独特的个体。

第二，不同来源的学生。在中国高等教育大众化过程中，特别是社会考生进入学校，这个学生时期就不再一致了，素质各异的学生的要求也是不同的。

第三，信息化所带来的信息获取途径的多样化。"人类教学信息的获取与交流已从重重力（Heavey gravity）的报纸时代和一币力（did-gravity）的广播电视时代发展到零重力（Zero gravity）的数字信息时代，人们可以自由地进行信息交流，就像宇航员在太空失重环境中身体可向任何方向移动一样容易。"[①]

以上这些使得教师在评价时不能使用同样的标准，应当各有标准。就考试制度改革现阶段的具体要求来说，考试是一种说明教学质量的证明，同样是考核的重要方法。在考试中，临时抱佛脚死记硬背也可能取得好成绩，但平时底子好的同学也许就不能筛选出来，这样的教学质量审查就有些偏颇了，不能很好地检测学习者的学习程度和能力。就教和学来进行评价方面来说，在过去重视教师、教授及学习者获取来看，理应让学生学会创新并有实践的成果。考试制度在大数据条件下的革新应表现在：考试内容方面，要侧重于学生运用知识能力的展现，尤其是关于问题解决能力的展现；在考试记录中，把握素质教育，不要使框架固定不变，一定情况下可以不用百分制进行评分；处于考试时注意比例的等级；进行对教学和考试系统的分离的考试改革，建立专门的检测中心，对于基础课程考核的各个过程都要把握好，不管是命题还是检阅试卷都要把握好质量的查验；检查考核的方式也应有创新，可采取写作、撰写研究报告、研究文献、综述产品设计，这样利于学生的思索以及创造能力的提高，例如，关于增加测试计算机课程实验教学内容设置综合性和设计性实验中，实验教学的考核应侧重于基本操作测试。

最后，教学评价方法。现今，存在多种教学评价方法，如定性和定量评价、综合评价和专项评价、诊断性评价和总结性评价，等等。不管采用哪种评价方式，都应特别关注：一是过程评价和固定时期的评价综合考虑；二是综合评价和专项评价融合；三是定性、定量评价相结合的评价；四是客观评价和自我评价相结合；

---

① 刘宇文.信息高速公路与自我管理学习 [J].中国教育学刊，2001（1）：45-47，62.

五是回顾评价和展望评价相结合；六是与毕业考核联系起来；七是评价与评估的全面考虑；八是评价成果要与教学结果挂钩。

三、建设一支高素质的教育管理队伍

影响教育管理质量的因素很多，包括人力、财力、物力、信息资源等，具体有教师、学生、教学人员、教育管理、图书馆的工作者之类。教育管理者是上述人员中处于首要位置的，因为教学有关规划和纲要的制定以及安排学习内容、课程安排、教材预订，包括学生的考试和毕业设计、实践等，各个阶段都不能没有教育管理者的加入。基于大数据时代的情况，教育管理质量日益受到多方面因素影响，其中信息是关键要素，要想实现管理的效能，就必须建立一支高素质的教育管理队伍。

目前教育管理人员的素质方面主要存在以下问题。

第一，知识结构不完善。很多教育管理人员没有系统学习关于教育、管理及心理学的学科知识，甚至没有相关岗位的工作经验，而且极少有深造的条件。在实际工作中，单单经过指导和实践，管理者自身深入了解及回顾概括的太少，因而知识的结构不完善。

第二，知识更新慢。人类社会进步越快，新旧知识更迭越快。传统的教育管理理念在教学体系中起着重要的作用，教育管理人员只是工作的执行人员，不需要相关的专业知识。在这种思想的影响下，大部分的教育管理人员都不愿进行学习和改进自己的工作。他们中的一些人本着不屑一顾的态度，拒绝学习新的教育管理理论和网络技术，有些人想学习新的理论知识，但由于各方面的延误，跟不上时代的步伐。

第三，高校管理人员相较于老师，在工作时间、薪酬、职称方面都有区别，导致很多管理人员产生心理问题。此外，教育管理者的创新能力相对较弱。

第四，信息管理意识淡薄，管理效率低下。人们不懂也不愿意去提高现代信息技术的使用效率，原因如下：一是教学人员对信息技术知道的很少，关于怎么使用现在的信息技术无从下手，没有提供具体的要求，更谈不上去利用信息技术；二是现在中层管理干部因为时代的局限，很少懂得信息技术，对管理信息不太关注甚至不喜欢，同时害怕自身权威下降；三是管理人员习惯了一直以来使用纸笔记载，在原先比较全面的信息管理系统下的信息发生变化，或者改变生活习惯了，没有修改的内容感知的数据库信息系统，所以数据不准确；四是高校行政管理仍有吃"大锅饭"的现象，新技术的运用与管理人员自身利益没有太大的关系，就没有压力感；五是就算信息管理系统相当完备，因为各高校软件应用不同，无法共享和交流，使得管理者的积极性降低。

第五，教育管理队伍现状有以下几方面：一是高校教育管理队伍整体素质低，流动性强。原因是高校管理者了解教育管理的重要性，在以往的教育管理高校领导干部基本上是从教学或研究前沿阵地转移，一些领导干部做行政工作和教学任务。他们不重视教育管理，对管理业务更新的机会不大，对教育职称评定和科学教育管理有太大影响，没有好的待遇，流动过于频繁。二是高校教育管理队伍结构不合理。目前，教育管理团队满足不了时代要求，教育结构不合理，知识结构和能力结构欠缺。

四、高校教育管理依托于大数据下的发展

（一）完善教育管理制度

教育管理系统是根据国家教育法律、法规等，由上级领导部门决策并指示给其以条例与规则，作为教育的一个重要手段，维护正常的教学秩序，是一个国家的教育政策和制度的思考部分。教育管理系统应编成一本书，它是合理的，可以找到规律的。

在高校的教育管理制度中主要有三个部分，即关于教育材料的管理，如教学的计划、课程安排和总结等；关于学校学业进程的，如考试、教课进度、资料档案管理和课程的调换等；教师和教育管理人员的责任和奖惩制度。此外还有关于学生管理系统，如学生的代码，测试代码。

为了提高教学质量，不仅要有教育管理制度，立足于各校实际，还应设立新的制度：第一，应对教学工作多开会讨论，会议制度要详细确立，按期让教学校长办公室研讨会设立并进行会议的指导，使教学制度化。第二，要对领导加以制度化和规范化。第三，应合理安排考试，重视管理考试程序并制度化。第四，建立和完善毕业生就业质量评价体系，不仅要分析评价结业论文，还要有后续的了解，对毕业生多加关注。第五，应找专门人员去合理监督。第六，关于研究革新教学工程体系。第七，职业教育的评价也要形成标准。第八，教学成果情况的结果传送，如四六级和全国计算机考试的合格情况、职称结构和教师资格、学生价值设备、条件成熟时学校和社会问题等。

依托于大数据对高校教育管理制度还要添加辅助的条例：从信息标准问题的角度出发，国家教育部在2002年和2003年都出台了关于信息化标准的条例，并且高校教育管理信息化应建立在国内外的沟通与交流中。再从高校信息化相应体系出发，校园网络和图书馆是两个校园信息传播的重点，因此要对其加强建设，尤其要有配套的管理方法。信息技术的重要性不言而喻，它使教师和计算机技术共同构成了培训团队中经验丰富的员工，提供培训和指导，解决教师和教育管理人员的操作技能和问题。教师和教育管理人员对信息化的发展有极大的作用，这两者的能力可以用来评价信息化水平的高低。

（二）教学要有足够的投入

首先，无基础资源就不能实现功用，"巧妇难为无米之炊"，没有足够的投资是不行的。学校经费是教学运行的基础，好的高校一定是有充足的资源加以配合的。任何一流的高校都必然有足够的资源。现在，我国高校经费一般由政府进行投入。然而，由于中国的财政收入不足，投资是非常有限的，所以资金很稀缺。其次，能源投入缺乏领导力。由于种种原因，学校领导举行的教学和研究的会议较少，在教学时间的前沿，不深入，校领导对教学条件和教师了解不够深入，造成了教学品质降低。教师与教育管理人才投入不足。最后，一些学生不够勤奋，很少投资于自己的研究。事实上，高校对人才的培养，不仅要求硬件资源还要求软实力的投入，只有两方面兼具，才能实现高效率的管理。目前，有些途径可以用来改进教学：第一，不单单依靠政府投入，建立各种投资系统，从不同主体入手，寻找不同方法；第二，合理划分经费投入；第三，待遇从优，使得教师没有后顾之忧，专心致力于教学，改变教师短缺的现象；第四，加强学生管理，增强学生学习的动力。

第五章　高校学生工作管理

第一节　高校学生工作管理取得的成绩

高等学校的根本任务是培养德、智、体、美、劳全面发展的社会主义事业的建设者和接班人。学生工作管理是高校工作的重要组成部分，它对于培育适应 21 世纪经济社会发展需要的"四有"大学生至关重要。几十年来，各高等学校对学生工作管理都十分重视，投入了大量的人力、物力和财力；学校的学生工作管理者认真贯彻党的教育方针，围绕学校培养目标，大胆实践，努力探索，形成了一套行之有效的工作途径和方法。他们热爱学生、关心学生，爱岗敬业，为培养学生付出了巨大的劳动和心血，为我国的社会主义建设培养了大批合格的专门人才。特别是近年来，高校学生工作管理队伍在学生工作管理的科学化、规范化方面进行了有益的研究与探讨，取得了一定的成绩，归结起来主要有以下几点。

一、加强大学生思想政治教育，为大学生成才提供精神动力

大学生的日常思想政治工作是课堂教学、德育课、形势政策课等之外的重要补充，具有针对性、时效性等特点。高校学生工作管理注重大学生的日常思想政治工作，解放思想，更新观念，提高认识，树立"一切为了学生"的教育理念，增强服务的意识，强化服务的功能，自觉、主动地为大学生成长和成才服务。既坚持教育学生、引导学生、鼓舞学生、鞭策学生，又做到尊重学生、理解学生、关心学生、帮助学生；对大学生学习、生活规范管理，促进大学生向有道德、有纪律的方向发展；提高大学生的文明素养，促进大学生文明习惯的养成。思想政

治教育工作要做到学生的心坎里，要被学生接受，要受学生欢迎，达到解疑释惑、化解矛盾、鼓舞士气和激发热情的功能，为大学生成才提供精神动力和舆论力量。

对大学生的思想政治教育，一般采取集体、小组、个别教育的形式，运用大会、讨论、学习、讲评等方法，结合不同阶段学生的思想状况，有目的地对学生加强思想政治教育、引导大学生全面提高素质。例如，通过评选"三好学生""文明宿舍"等，引导学生开展创优争先活动，努力学习，积极进取，在学习、品德、行为、身体锻炼等各方面追求进步，成为优秀人才；而对大学生不良行为的处罚，不仅对其本人的健康成长具有重要意义，对其他同学也具有重要的教育意义。另外，通过新生军训，培养学生适应环境的能力，增强学生的国家安全意识，培养学生坚忍不拔的意志、艰苦奋斗的精神，养成文明、守纪习惯；通过专业介绍，进行学习目的教育、理想教育，激发学生学习的热情，提高学生自我提升的积极性；通过校史校情教育，对学生进行学校光荣传统教育、艰苦奋斗教育、优良学风教育，为他们今后的学习和进步打下坚实而良好的思想基础；通过对毕业生的各项教育，引导学生正确看待和处理自我发展需要与社会需要之间的关系，帮助学生树立正确的择业观；通过引导学生剖析自身素质与社会需要之间的差距，增强学生的忧患意识，进一步提高大学生道德修养的自觉性、主动性和积极性；同时，还要加强竞争意识教育、挫折教育、创业教育等，进一步促进学生养成不断提高自身素质，永不停步、永不言败的信心和习惯。

二、积极开展丰富多彩的活动，为全面提高大学生素质搭建舞台

（一）积极组织社会实践，锻炼学生的社会适应能力

利用寒暑假开展社会实践是高校学生工作管理的常规内容。大学生利用寒暑假进行社会实践的形式是多种多样的，有环保调查、行业实践、公益实践、母校回访、勤工助学等。社会实践活动没有固定的模式，也没有固定的场地和对象，一般是在一个比较开放的环境下，面对不断变化的情境，学生独立面对和解决各种问题。社会实践能充分调动学生的积极性，引导学生在实践中勇于开拓、敢于创新。

此外，大学生通过实践能走向社会，亲身体验生活，看到城乡差别，感受贫富差距，在与人民群众的接触、了解、交流中受到真切的感染，从生动的典型事例中受到深刻的教育和启发，这能使他们的思想得到升华，他们的社会责任感和使命感得到提升。同时，也能使学生看到自身知识和能力方面存在的不足，比较客观地去重新认识、评价自我，逐渐摆正个人与社会的位置，进而潜心思考自身的发展问题，不断地提高自身素质和能力，以适应社会发展的需要。

总之，社会实践可以训练学生独立生活和适应环境的能力；提高知识的实际应用能力和自身的组织管理能力；巩固和发展专业技能；了解国情民情，增强社会责任感；强化学生的社会服务精神，塑造他们吃苦耐劳的品德。大学生在积极参与这种实践活动的过程中，会逐渐养成坚韧、顽强的优良品性，养成务实的学习态度和生活作风，不断提高自己，完善自己。

（二）组织社团活动，为大学生搭建开发潜能、展现自我的重要平台

社团活动是大学生校园文化活动的重要组成部分，是对大学德育的有效补充，也是大学生素质教育的重要载体，是高等院校中一道亮丽的风景线。大学生社团是大学生立足校园，基于共同兴趣和爱好，依照法律，按照一定的章程，自愿结成的具有固定成员和特定活动内容的组织，大致可分为思想政治、学术科技、文体娱乐、志愿服务、创业或综合五种类型。社团活动形式新颖、丰富多彩，在培养学生的想象力、创造力、批判能力和协作精神，充分调动社团协会的主体性与参与性等方面，起着桥梁和纽带的作用。它不仅丰富了大学生的生活，而且为大学生身心健康发展提供了课堂以外的学习机会，让他们在活动中锻炼自己的能力、发挥自己的特长、展现自己的才干。

（三）丰富校园文化，提高学生的人文艺术修养

文化素质是素质中的一个重要内容，它是指具有一定的文学修养、理论修养、音乐修养和艺术修养等。学生工作管理的重要内容之一就是校园文化建设。校园文化具体表现在各种活动的组织与开展中，如元旦联欢会、歌手大赛、合唱比赛、

社团嘉年华、科技文化节、校园辩论赛、纳雅大讲堂、假面舞会等。青年人思维活跃，吸收力强，可塑性大，比较容易接纳新生事物、观念、行为及生活方式，通过群体文化的规约和引导，形成良好的校园文化大气候，对学生素质的提高大有益处。通过丰富多彩、形式多样的文化艺术活动，引进高雅艺术如音乐会、芭蕾、话剧等，使学生的艺术修养和审美素质得以有效提高。

（四）组织课外学术科技活动，锻炼学生的创新能力

大学生课外学术科技活动包含三个方面的内容：一是学术科技的学习，二是学术科技的创新，三是学术科技的应用。这是伴随着"科学技术是第一生产力"的论断逐步为社会接受并确立其在经济社会发展中的主导地位、一步一步发展起来的。高校学生工作管理部门应高度重视，不断健全组织机构，形成有效管理的模式；建立评比表彰制度，营造学术气氛，并采取积极措施使这一活动不断发展和深化。

课外科技创新活动，提高了学生的学习积极性和创造能力，使学生从校园走向社会，从单纯受教育和知识传承的身份，逐渐成长为社会财富的创造者，打破课外与课内的界限，最终使学生树立终身学习的观念。

三、加强学生工作管理队伍建设，提高推进素质教育的能力和水平

辅导员是从事学生思想政治工作的基层干部，是思想政治工作第一线的组织者和教育者，也是和学生接触最多的老师。高素质的辅导员有利于国家的稳定和繁荣、学校的生存和发展以及学生的健康成长。把那些政治素质硬、业务水平高、思想品德优、综合能力强、热爱辅导员工作的优秀毕业生党员选留到辅导员队伍中来，加强对辅导员的管理，以提高队伍整体素质。从发展趋势来看，我国高校学生工作管理开始强调教育性和发展性，在强调德育传统的同时，"以人为本"的管理理念基本上得到认同。管理制度也更为完善，管理干部队伍的层次日益改善，有的高校学生管理干部中硕士毕业生已经占有一定比例，有的学校由博士毕业生任专职书记。

第二节　高校学生工作管理面临的问题及成因

一、高校学生工作管理面临的问题

高校是培养人才的重要场所，高校的学生工作管理直接影响着人才的培养质量，也影响着高校和社会的稳定。因此，各高校都十分重视学生工作管理，结合新形势对学生工作管理进行了积极的、有益的研究和实践探索，并取得了一定的成效，但目前仍面临很多挑战，存在一定的问题。

（一）社会主义市场经济的深入发展使学生工作管理面临严峻的挑战

随着我国改革开放的不断深入，人民生活水平进一步提高，广大人民群众对接受高等教育的需求愈加迫切。为了适应改革开放的形势、满足各行各业对人才的需求，党中央、国务院及时做出了高校扩招的决策，高校招生人数连年增加，在校生人数持续增长。高校扩招、学生人数急剧增加，高校逐步实现了由精英化教育向大众化教育的转变，但生源质量下降是一个不争的事实；交费上学，导致经济困难学生增多；高考取消年龄限制、学分制和弹性学制的实施、后勤社会化改革都给学生工作管理带来了相当大的挑战。加上很多高校对形势估计不足，也出现了很多问题，如学生宿舍建设滞后，不得不推迟开学时间；食堂容量小，学生就餐拥挤；教室数量少，仅能满足学生上课需求，学生自习室紧缺，导致学生宿舍成为学生的主要自习场所；文化体育场馆建设滞后，学生课外活动较少，学生的体育文化生活相对单调。此外，随着市场经济的发展，大学生的思想观念、价值取向发生了巨大的变化，大学生思想活动的独立性、差异性日益增强，原有的单一学生工作管理模式已无法达到预期的效果，学生工作管理面临着严峻的挑战。

（二）传统管理模式的弊端使高校学生工作管理面临新的问题

传统的学生管理模式固然有其历史必然性以及成功的做法和经验，但在新的情况下存在着难以克服的弊端。从现状上看，有些高校的学生工作管理仍然停留在处理事务的阶段，常常重管理、轻服务，认为学生工作管理者在管理过程中起主导作用，学生只是起辅助作用；学生只是被管理者，在管理过程中，学生要服从学生工作管理者的管理、听从学生工作管理者的安排；停留于管好学生、管住学生的阶段；以满足学校的现实需要即学校的稳定和发展为重点，而不是以满足学生的发展需要为重点来开展工作。另外，有些学生工作管理者认为学生性本恶，故往往喜欢采取"管、控、压"的方法来压制学生；也有些学生工作管理者认为学生本身是一张白纸，可以对其随意"刻画"，于是随意向学生发号施令，以显示权威。殊不知，这更加激发了大学生的逆反情绪，严重影响管理的效果。总的来看，学生工作管理者采用行政化的教育管理方式，对学生训导多，平等交流解决问题的机会少；充当长者、管理者的色彩浓，担当朋友、服务者的色彩淡；空洞的说教多，能真正满足大学生情感、生活等需求的心理沟通等有效的工作少；消极被动解决问题的多，积极主动为学生综合素质的提高和发展创造广阔空间的工作少。面对新时代、新形势的需要，学生工作管理者应该转变思想、更新观念，树立以人为本、以学生全面发展为中心的理念，为学生的发展创造一个广阔的平台和空间。

（三）网络普及的负面影响对学生工作管理模式带来冲击

信息化技术的发展和普及给传统的学生工作管理带来了新的挑战。信息化的迅速发展，使互联网对学生的学习、生活乃至思想观念产生着广泛而深刻的影响，网络正极大程度地改变着学生的生活方式、学习方式甚至是语言习惯。对学生工作管理而言，网络是一把双刃剑。一方面，网络为高校学生工作管理提供了新的阵地和领域，对加强和改进高校学生思想政治工作带来了新的机遇；另一方面，网络也给传统学生工作管理带来了极大的冲击。首先，网络信息的快捷性、丰富性和开放性特点，使得学生从学校获取知识的权威性受到冲击。在网络普及的社会条件下，大学生借助网络能够比以往任何时候都能更快捷地获取信息，而思想政治工作部门和有关干部、教师在获取信息的渠道、时间、数量等方面已不占明显优势。数量巨大的网络信息，"淹没"了德育和思想政治教育信息，尤其是不健康信息的冲击，使学校所要传达给学生的信息很难在学生头脑中沉淀，严重影响了思想政治教育工作。其次，网络的虚拟性、隐蔽性使得网络成为有害信息的滋生地和传播地。一部分人利用信息技术参与社会政治，一些虚假、不健康甚至反动的信息污染了学生思想政治教育的环境，学生难以判别和抵御，难免上当受骗，甚至沉溺于网络虚拟世界不能自拔。

（四）学分制和弹性学制的实施使学生工作管理面临新的变革

目前，全国各高校普遍实施了学分制。在学分制下，学生工作管理打破了学年制整齐划一的教学管理模式，学生专业班级观念淡化，形成了以课程为纽带的、多变的听课群；不同专业甚至不同学校的学生在一起学习，学生工作管理不局限于本专业学生，还要管理因选修课程形成的其他专业或其他学校的学生。同时，学生工作管理除了对学生进行教学、思想和生活管理外，还需指导学生选课，帮助学生构造合理的学科知识结构，并要求学生在老师的指导下，由定向学习变为自主学习，学生工作管理由学年制下的指令性管理变为指导性管理。在这种现实情况下，学生工作管理必须寻找和构建新的平台。

（五）学生工作管理队伍储备不足和不稳定制约着学生工作管理的成效

目前高校学生工作管理面临的一个重大难题就是人员空缺和人员素质不高。辅导员分布也极不平衡，有的学校一名辅导员要负责 600 名或者更多学生。辅导员任务繁重，无法在时间上和精力上对学生开展过细的思想政治教育工作，无法及时对他们进行心理疏导。再加上高校中从事学生工作管理的人员主要来源于本校留校的本科生或研究生，他们中很少有人专门学习过管理学或心理学的知识，同时又缺乏进修以提高自身专业水平的机会。很多高校的辅导员比较年轻，看似容易与学生沟通却管理经验不足。这些问题的存在致使高校学生工作管理力度不足，管理效率低下。高校学生工作管理内容庞杂，事务琐碎，全校凡涉及学生的各个部门的工作，最后的落脚点都在辅导员身上，"千条线一根针"再加上现行工作体系的约束，学生工作管理者不可避免地陷于每日的事务中，疲于应付。这就使学生工作管理表面化、肤浅化，流于形式，管理员难以对学生日常行为、生活、学习等方面进行高效、规范、科学的管理，严重阻碍着学生综合素质的提高。

（六）高校新区建设和高校后勤社会化给学生工作管理带来了新的问题

高校后勤社会化，实际上是建立一种教育成本分担机制。目前，我国大多数高校实现了高校后勤社会化。高校按市场经济规律运作，开放学校市场，允许社会上的人员、资金、技术、设备开发校内市场。这些经营者进入高校市场的主要目的是盈利，而学生在缴纳各种费用的同时也树立了投资意识，对学校教学、生活条件有了更多、更高的要求，这就容易产生矛盾。随着高校招生规模的扩大，许多高校原有的校园难以满足学生的学习、生活要求，各高校纷纷在原有校园外建设新校区，这造成同一专业的学生或者同一院系的学生要分开接受教育，严重冲击了以前按院系进行管理的模式。在这种形势下，探索新的学生工作管理模式将是学生工作管理面临的新课题。

二、新形势下高校学生工作管理问题产生的原因分析

（一）环境因素：社会转型加快与教育发展滞后

当前，我国社会正处于转型期。我国的社会转型是在中国的传统文化、社会主义制度文化和西方文化所构成的复杂的文化背景中展开的，其实质就是由传统农业社会向现代工业社会、传统封闭社会向现代开放社会、高度集中的计划经济体制向以竞争和利益导向为主要特征的社会主义市场经济体制的转变，其中必然充斥着东西方文化的交融与碰撞。而且这一过程必然带来社会体制及其运行机制的变化。马克思主义认为，物质生产活动是人类最基本的实践活动，它是一切其他社会活动的基础和决定性因素，教育活动也概莫能外。教育不可能脱离社会物

质生产的需要而发展。社会发展丰富了教育资源，改善了教育条件，提高了教育水平，顺应了时代发展的需要，高等教育进入由精英教育向大众教育转变的阶段。一方面，急速扩招在满足大众接受高等教育需要的同时，加重了高校自身的负担，造成师资的严重紧缺；另一方面，教育的时滞效应决定了教育改革从开始实施到完成是一个渐进的过程，人的成长成才亦需要一定的时间。因此，不可避免地会出现社会物质生产的急剧变化与教育变革滞后之间的矛盾。

改革开放的深入发展和社会主义市场经济建设的全面展开，将中国带入了一个以现代化为根本特征的全面深刻的社会变革时期。现代化的实践需要现代化的价值观念和伦理精神的支撑，需要与之相适应的高校学生工作管理理念与操作体系。但是就方法而言，高校学生工作管理多坚持灌输的方法，以说教为主，忽视了社会转型所带来的教育环境、教育对象发生的巨大变化，这种机械呆板的方法抹杀了思想的鲜明个性。就目标而言，基于单一的、封闭的社会结构，在特定的教育教学环境中，着力塑造符合某种特定目标的学校角色，这种学校角色往往与社会转型期所要求的人才特质脱节。从本质上来说，在现代社会开放和价值多元的背景下，高校学生工作管理因为忽视了学生的主体性本质及其自主性和创造性，而在解释现实问题、解决矛盾冲突方面趋于苍白，不能发挥其应有的塑造学生人格、传承时代精神的历史使命，进而引发高校学生工作管理中的骨牌效应。

（二）理念因素：科学主义的盛行与人文关怀的弱化

近代以来，在科技和教育的影响下，人类驾驭物质世界的知识和能力有了长足发展，科学的发展彰显了理性的威力，将人的精神也视为与物质无异的存在。在科学技术的激发下产生的各种哲学往往把人类以外的一切事物看成仅仅是有待加工的原材料，并在处理人与自然关系的过程中演绎为人类为控制自然而产生的一种工具理性，技术统治取代了一切，单纯重视机械化、技术化，试图借助对理性（逻辑）和技术的把握，通过一系列常规化、程序化的操作完成高校学生工作管理的全过程。

科学主义的盛行催生了教育观上的工具主义，着力于教会人们以何为生的知识和本领，其"最基本的缺失就在于它放弃了'为何而生'的教育，不能让人们从人生的意义、生存的价值等根本问题上去认识和改变自己；也必然地要抛弃人自由心灵的神圣尺度，把一切教育的无限目的都化解为谋取生存适应的有限目的，缺少以人为出发点的教育理念；人自身也成为由工具理性所任意摆布和支配的工具，人为物所役成为一种理性程序化的存在物和机器，而失去各种精神的追求"，丧失了否定性、批判性、超越性而成为单向度的人。可见，科学主义"可能以一种异化形态统治人、控制人，把人置于纯粹工具的地位，退化到物的境地，从而控制人，丧失其应然性"。用科学的物质性、实在性来说明人的丰富性是不恰当的，"形不成人与世界相互作用造成的复杂的'属人世界'的现实观念，因其简单化而无法揭示现实世界中的复杂现象"。从而造成人文关怀的旁落，而这恰恰是高校学生工作管理的核心和关键。

（三）人的因素：学生思想多元化与不稳定性

随着改革开放的深入，特别是高新技术的迅猛发展，信息手段不断更新，信息传输速度日益快捷，学生对各种思想、文化的接收有了更快捷的方法，各种思想和价值观念随之汹涌而来，这势必对大学生产生巨大的影响。主要表现为学生思想逐步由单一趋于丰富，由封闭僵化转向开放活跃，呈现多元化的发展趋势。

新一代大学生是在改革开放的环境中逐步成长起来的。他们是最积极、最活跃、最有生气的群体，其思想品德的形成、发展具有强烈的时代特征：主体意识不断增强，自主意识不断强化；思想活跃，具有强烈的进取心和好奇心，易于接受新鲜事物，能够通过各种方式和途径获取知识和信息，文化反哺生动说明了他们在获取信息方面的超前性；思维敏捷，具有极强的灵活性、批评性和独立性。特别是伴随网络技术的发展，处于数字化生存状态的大学生有了更多自主选择的权利和空间，这为他们了解各种基于不同文化背景、政治主张、宗教信仰的多元价值观提供了平台，加剧了多元价值观的相互碰撞。

但是这个年龄阶段的大学生，心理机能和道德判断能力均处于相对较低的水平，且缺乏社会经验，心理状态尚不稳固，情绪易于起伏，具有较大的随意性和可变性，使得他们面对多元价值无法自如地进行评价和选择。事实上，面对价值观念的多元化，他们时而表现出"自主与依赖的矛盾、自信与自卑的矛盾、感情与理智的矛盾、要求与满足的矛盾、冲动与压抑的矛盾，等等"，从而产生价值评价及选择的迷茫和困顿，在思维方式和行为方式上出现偏颇，加大了高校学生工作管理的难度。

第六章　教育信息化背景下高校学生事务管理机制的构建

第一节　高校学生事务管理信息化的内涵

一、高校学生事务管理概念

（一）学生事务界定

在美国，一般认为学术事务涉及学生的学习、课程、教师和认知发展等。学生事务是思想引领、校园文化、住宿生活和创新创业指导等学术事务之外的以及有关的课外实践活动。

学生事务是指高校为辅导学生成长、管理学生日常校园行为等开展的活动，服务学生生活、促进其全面发展、拓宽大学生思想政治教育工作渠道。通常，在内容上分为辅导性学生事务、管理性学生事务和指导与服务性学生事务三个板块，不包括具体的学术上的教学事务。该定义包含以下三点。

（1）高校学生事务是以促进学生学习与成长为根本任务，以满足创新人才培养需求以及提供高校思想政治教育等课堂之外的具体工作内容为前提的。只有为学生学习、生活和发展提供全方位服务，具备社会保障条件才会成为高校所提供的学生事务，不是所有的学生需要都会成为学生事务存在的基础。

（2）管理性事务针对的是全体学生，依据相关制度规章强化学生的契约意识，使每一位学生在高校校园里能够在制度章程的框架下自由发展。辅导性事务是以思想建设引领学生的理想信念，是学生践行社会主义核心价值观的具体事务。服务性事务是指不断细化学生事务的分工，以此提高学生事务工作专业化水平，对学生开展个性化的精细性工作，由学生据以选择的具体事务。实际工作中高校对于这些具体事务并没有明确的界限划分。

（3）高校学生事务通常发生在课外活动时间，涉及内容是相对教学内容来讲的，活动阵地和外部环境主要在教学课堂之外。

（二）高校学生事务管理

在美国，一般对学生非学术事务和所有课外活动的管理定义为高校学生事务管理。在国内，储祖旺教授认为："高校学生事务管理是指在国家政府的宏观引领下，借助思想政治理论的支持，高校积极践行社会主义核心价值观，运用专业化知识和职业化技能，遵循学生发展规律，为学生成长成才发展保驾护航，高校的专门组织和学生事务管理者的组织活动过程。"[①] 具体解读有以下四点内容。

第一，高校学生事务管理的社会保障条件是国家法律和政策的支持，指导实践的理论来源于思想政治教育原理，核心价值和共同使命是践行社会主义核心价值观，促进学生发展，既是日常思想政治教育工作的出发点，也是高校人才培养的归宿。

第二，高校学生事务管理的活动对象分为主体与客体。主体包括专门组织和学生事务管理者，客体包括主体施加影响的学生和与之相关联的具体事务。

第三，从事高校学生事务管理的基础条件是专业知识和实际技能，要体现职业性和专业性的内在要求。

第四，高校学生事务管理的组织活动过程主要是指主体按照各自职能，整合全方位的资源所进行的实际活动。

随着近年来我国高等教育的改革发展，"学生工作"的内容不断细化，逐渐扩展到生活、职业发展、心理健康等方面，涵盖了意识形态、制度管理和生活服务等多个方面，使得"高校学生事务管理"这一概念与当前我国高校学生事务管理的现状与发展更加吻合。国家颁布的一系列规章、文件的施行，也充分体现出

---

① 储祖旺 . 高校学生事务管理质量与评估 [M]. 武汉：中国地质大学出版社 , 2017.

对高校学生事务管理的重视程度、关注度不断提高，主要体现在从被动化的制度管理和监督渐渐地向"以人为本""以学生为本"的人本管理的转变，通过灵活多样的教育教学管理手段挖掘学生的潜能，尊重学生在学习、工作和生活方面的主体地位，实现学科教育、管理育人、服务育人和学生发展的有机结合。学科教育与管理育人之间相互补充、相互促进，不仅推进了高校思想政治教育的提升和发展，而且增进了对"以人为本"学生观的认识及贯彻落实。

我国学者对高校学生事务管理的定义为："高校通过学生的课外活动和非学术性事务等方式对学生进行的相对具体教育影响，进而实现对学生的引导、教育和服务，丰富和拓展高校学生个体的生活实践，促进学生不断进步和发展的组织活动。"①

上海师范大学的朱炜将其描述为："高校中，管理人员通过一系列管理规章等对学生施加一定的引导、规范、服务来促进学生全面发展的非学术性实践活动。"②高校对人才的培养主要通过两个途径开展：第一个是通过学术事务（Academic Affairs）来使学生掌握一定的知识与技能、过程方法和价值观，第二个是通过学生事务（Student Affairs）来实现高等教育的育人目标。其中，学术事务对应高校的教育教学科研工作，通常指学生在校期间的学籍管理、专业学习、课程安排及管理、教学、科研、学业生活、认知发展等；学生事务对应我国之前的高校学生工作，即学生在校期间，除学术事务外，由先前确定的特定组织机构和专业工作人员从事的有目的、有计划、有组织的管理人、服务人、培养人的所有课外活动的总称，包括学生的入学教育、住宿及饮食、学生活动、职业规划与就业服务指导、学生党团组织建设与管理、心理健康咨询与诊断服务、突发事件应急处理、勤工助学等。

（三）高校学生事务管理与学生工作

国内许多人直接把"学生事务管理"和"学生工作"之间画上等号，其实确切地讲，两者之间存在一定的差异。

① 蔡国春.高校学生事务管理概念的界定——中美两国高校学生工作术语之比较[J].扬州大学学报，2000（2）.

② 朱炜.发达国家高校学生事务管理比较及其启示[J].黑龙江高教研究，2003（6）.

"学生工作"一词（高校为学生健康成长服务的所有直接和间接工作的总和）至今仍然有高校在使用。随着我国改革开放的发展，初期归属于"德育工作"的事务（如学生心理辅导、奖助贷管理、新生入学和毕业生管理、校园文化建设等），在大众化高等教育进程的推动下，"学生工作"应运而生，可以说是教育与管理并存，以思想政治教育为主导，以校园文化建设为辅的工作体系。"学生管理"已经减弱"管理学生"的强制性的约束力，并外延到管理学生的具体事务。我国高校学生工作是指由与教学工作、科研工作相平行的专门机构和人员从事的以思想政治教育、成长发展指导、学生事务管理为主的教育、管理和服务工作，其工作效果是直接体现在客体学生上的。具体工作内容表现在教育、管理和服务并重的三个方面。

第一，教育主要是指以学生思想政治教育为核心内容，其主要工作包括思想道德教育与行为养成、形势政策教育、日常思想政治工作、安全稳定工作等。

第二，管理则是以学生事务管理工作为基础，主要包括班级建设与管理、奖惩助贷等日常事务管理、宿舍文化建设与管理等。

第三，在教育和管理的基础上，通过创造一定的条件，以学生发展为主导工作，为学生成长、成才提供服务，主要包括生涯规划与成长指导、学业指导、就业指导、心理咨询与辅导、素质拓展与社会实践指导、校园文化活动指导以及创新创业活动指导等。

可以说，在我国，高校学生工作是一个类概念，是对学生在课外进行非学术性的教育、管理、服务等活动的总称，其第一方面的任务就是思想政治教育，第二、第三方面的任务就是学生事务管理的内容。

从目前我国高等教育的发展情况来看，学生工作由思想政治教育和学生事务管理两个子集合组成。高校思想政治教育重点关注理想、信念教育等对大学生成长的影响及其传承和发展的规律。这样看来，学生工作的内涵包括学生事务管理，两者是从属关系，学生事务管理属于下位概念。

高校学生事务管理反映了高校学生工作从关注学生思想政治发展到学生的全面发展。其中，对学生进行思想政治教育，始终是我国高校学生工作的核心内容。

学生事务管理内容日益扩大，包含范围广泛，任何一方面的缺失都将降低思想政治教育工作的最优化和最大化，最终高校会无法完成以学生为本的人才培养的重要使命。

二、学生事务管理相关理论

（一）人本管理理论

人本管理，是以人为本管理的简称。人本管理往往把人作为考虑一切问题的根本，因此也可以称为以人为根本的管理。早在 20 世纪 30 年代，西方很多企业已经把员工作为企业最重要的资源，根据员工的兴趣、特长、能力、心理状况等情况来科学合理地为其安排最合适的工作。并参考马斯洛早期的需求理论，在工作中兼顾员工的成长和价值，通过使用科学的管理方法，使用完善的企业文化建设和人力资源开发计划，在工作中充分地调动和发挥企业员工工作的积极性、主动性和创造性，进而提高工作效率、增加工作业绩，以求让员工能够在实现企业目标的过程中发挥最大的作用。著名管理学家陈怡安教授把人本管理提炼为三句话："点亮人性的光辉、回归生命的价值、共创繁荣和幸福。"[①]

而人本管理对于高校学生事务管理而言，主要是要求高校学生事务管理做到区别于传统"以物为中心"的物本管理，要求高校开展学生事务管理工作既要依靠原则规定、制度约束、规范管理等硬性手段来开展，更要通过培养、调动和锻炼学生的情感、意志、思想等方法来加以完善，这就从人本的角度对目前高校学生事务管理工作提出了新的要求。同样，在高校开展学生事务管理信息化过程中，更要注重"以人为本"的管理理念，学校各级管理者首先应该树立"以人为本"和"管理育人"的理念，积极创造民主、自由、平等、有效的育人环境，制定和实施正确的管理政策、措施。在开展学生事务管理信息化过程中要把学生当作学校管理之本，强调以学生为中心，特别要重视学生作为青年人的特征，充分尊重他们的爱好和兴趣，最大限度地满足他们的种种合理需要，维护学生的权益和利益，充分调动学生发展的个性，切实服务学生。

① 刘明新.人本管理：一个需要澄清的理念 [J].学理论，2013（24）：109-110.

（二）目标管理理论

1954年，美国管理学专家彼得·德鲁克（Peter Drucker）在其名著《管理实践》[①]中首次提出了目标管理（Management By Objectives，MBO）的概念。当时，由于科学和经济的蓬勃发展促使企业组织规模越来越大，企业分工越来越细，专业性越来越强，而整体的一致性和协调配合相较于分工专业性等问题则更容易被忽视。这种情况下，如果管理者不能及时地应对外部环境的变化，继续使用以往忽视人性的管理模式，仍然采用家长式的"压迫式"管理已经不能完全控制整个局面，同时会造成管理者与被管理者对立的局面。德鲁克结合管理的实质，提出了"目标管理"理论，该理论在重视理性管理的同时也兼顾了人性的管理，通过设定目标，激发人的动机，引导人的行为，使人的需求与个人的期望和目标挂钩，以实现充分调动人的工作热情，唤起人的积极性和创造性为基本内涵。新的管理方法在总目标确定的基础上，同时再确定一定的分目标，并为努力实现这一分目标而进行进一步的组织管理和控制。用"目标"代替手段实现对下属的管理是其精髓。

21世纪以来，随着社会的发展和高等教育改革的不断深化，高校学生事务管理工作也面临许多新情况，招生和就业制度改革、教育教学内容及方式改革、学生个体情况发生变化等带来许多挑战，而网络技术及新媒体发展的突飞猛进更给高校学生事务管理应用信息化手段带来了较大的不确定性。高校在开展学生事务管理信息化的过程中可以参照企业目标管理的理念，首先重视人的因素，让学生和一线学生事务管理人员参与信息化项目目标的制定。同时要注意建立目标体系，当学校组织者确立总体目标之后，必须对其进行有效分解，把学生事务管理信息化的目标转变成个人和各个部门的目标，以实现学生事务管理信息化的高效开展。

（三）过程型激励理论

在很长一段时间里，管理学的核心问题一直是激励问题。对人类行为的不同假设，从而提出不同激励机制也一直是行为管理学派、科学管理学派以及其他一些管理学派之间的一个最基本分歧。"激励"一词在管理学与经济学中的含义也

---

① ［美］德鲁克.管理实践［M］.帅鹏等译.北京：工人出版社，1989.

各不相同。相对于以强调人的内在动机为基础的管理学中的激励，经济学中的激励重点强调更多地利用外部手段，例如激励、惩罚来诱使人采取某些行动。长期以来，经济学与管理学的激励理论研究并没有充分地结合起来，一直是泾渭分明。管理学中的"行为科学"在20世纪30年代以后得到了迅速发展。在现代非常有影响力的一些激励理论大多是建立在"行为科学"这一理论基础上的。现代激励理论的发展则经历了从侧重激励内容的研究到对激励过程的探索。过程型激励理论是指着重研究人员从动机产生到采取行动的心理过程。根据激励理论的要求，激励具有促进社会交往和人际关系、激起创造的欲望，健全人格等心理效应。期望理论是过程激励理论的一种，美国心理学家弗鲁姆(Frum)的"期望理论"[①]认为，一种行为倾向的强度取决于个体对于这种行为可能带来的结果的期望强度以及取得这种结果时的行为吸引。期望理论的基本模式如下：

$$激励=效价 \times 期望值$$

该模式表明，能够以最大化效价满足个人需要的是行为目标，如果实现目标的可能性过小，那么激励效果也就不会十分有效。相反，虽然某种目标实现的可能性很大，但如果对于其个人没有很大的价值，那么人的积极性也不会被明显地激发出来；如果要取得有效的激励，那么应当使效价和期望值都足够大。

学生事务管理信息化建设的目标很大程度上是满足学生及一线学生事务管理人员的需求，以求实现信息化手段带来的高效和便利。而对于不同学生事务管理职能部门，在开展信息化建设时也应该注重对它们的激励，毕竟每个部门信息化建设的目标不同，只有对它们进行积极的激励才能激发起它们更多的参与意识，也才能保证信息化建设最大限度地符合各个部门及人员的需求。

---

① 朱乐.基于弗鲁姆期望理论提高绘本阅读兴趣的教学策略研究[J].广东教育,2022（8）：98-100.

三、管理信息化的有关理论

（一）项目管理理论

在第二次世界大战后期，美国兴起了一种以项目管理为重点的管理技术，最初是从美国制造原子弹的曼哈顿计划等生产大型、高费用、进度要求严格的复杂系统的需要中发展起来的，而如今已经是现代管理学的一个重要分支。中国在职教育网《项目管理（PM）是什么》一文对项目管理的定义为：所谓项目管理（Project Management，PM）就是项目的管理者在有限的资源约束下，运用系统的观点、方法和理论，对项目涉及的全部工作进行有效的管理。即从项目的投资决策开始到项目结束的全过程进行计划、组织、指挥、协调、控制和评价，以实现项目的目标。

随着社会的快速发展，特别是随着以计算机和网络为代表的信息技术的迅速发展，项目管理理论被广泛地应用于经济、文化、政治领域。特别是在信息化项目领域，虽然信息化工程符合项目的所有特征，但由于信息化项目的风险大，要保证项目工程顺利完成，对于项目过程进行管理的方法就变得尤为重要。而且信息化工作涉及实施单位的管理、技术、人员等各个方面，影响因素众多，关系复杂，其设计、开发、实施都更需要进行有效的管理。因此，在信息化项目中使用项目管理的思想和方法能够提高信息化工程项目的成功率。如果在学生事务管理信息化项目中积极采用项目管理的基本方法并结合信息化特点开发其管理系统，并做到对信息化工程项目进行全面的计划、跟踪、控制，就能够有效地保证项目本身和项目的结果达到预期目标。

（二）系统动力理论

1956 年，美国麻省理工学院福雷斯特（J. W. Forrester）教授在其名著《工业动力学》①中进行了最初的系统动力学的研究。该研究最早应用于工业企业管理，因此也被称为"工业动力学"。后来，随着该学科的进一步发展，其应用也越来

---

① ［美］福雷斯特.工业动力学 [M].胡汶鼎等译.北京：科学出版社,1985.

越广泛，逐渐遍及经济社会等各个层面，因此被改称为系统动力学。第二次世界大战以后，随着工业化的进展，就业、环境污染和资源、城市人口等各种社会问题日渐突出，对这些问题的研究也迫切需要用新的方法。1955年以后，随着计算机及信息技术渐趋成熟和普及，美国麻省理工学院（MIT）福雷斯特教授提出研究系统动态行为的一种计算机仿真技术，即系统动力学（System Dynamics，SD）。1968年，福雷斯特教授在《系统原理》①一书中侧重介绍了系统的基本结构。

随后，系统动力学逐步完善并得到国际上的广泛关注。系统动力学以鲜明的系统观面世之后，一直保持着以系统方法论的基本原则来考察和研究客观世界。经过数十年发展，系统方法论日渐完善。最后，国际系统动力学学界就以"系统思考"（System Thinking）一词来简要概括系统方法论的基本原则及其系统观念。决策过程理论是系统动力理论的重要组成部分，该理论认为企业生产经营决策过程是一个有序的系统过程，由于受到周围环境的影响，致使决策的质量无法用自由意识来进行随意控制，要有效应对周围环境变化带来的影响，必须将行为准则通过系统的程序模式与规则来推论其可能的反应。考虑到这个特性，系统动力学强调决策制定要研究环境对决策的影响以及决策又如何反过来影响环境。系统动力学认为组织策略的设计是企业未来发展的重要步骤，以此来改善企业内部及与企业关联的外部环境的复杂系统结构，再通过分析目标和子目标的多重性，最终找到最优的决策。高校学生事务管理信息化工作是一项系统化的工作，从组织结构上来讲涉及学校的多个部门，从人员上来讲同样涉及领导、普通学生事务管理人员、学生等多个层面的人员，从目标上来讲学生和教师及整个学校的信息化目标仍存在不同程度的差异，因此使用系统动力理论开展高校学生事务管理信息化实践符合科学合理的目标。

（三）信息化绩效评价理论

早在1992年，杰洛涅（Delone）和麦克莱恩（Mclean）就提出了以D&M模型为主体的信息系统成功评价模型。在这个评价模型中，杰洛涅和麦克莱恩认为

---

① ［美］J.W.福雷斯特.系统原理［M］.王洪斌译.北京：清华大学出版社，1986.

信息系统的成功是一个具有时间和因果关系的过程。2003 年，他们在原来的基础上，又提出了一个更新的信息系统成功评价模型——IS 成功模型，这个模型从信息质量、系统使用、个人影响、组织影响、用户满意和系统质量六个指标来衡量信息化的成功与否。戴维·诺顿（David Norton）和罗伯特·卡普兰（Robert S. Kaplan）提出了从客户、财务、学习与成长、内部业务流程四个指标来综合评价企业绩效，并在企业愿景和战略框架统领下构建系统的平衡计分卡（BSC）绩效评价体系。客户、财务、学习与成长、内部业务流程四类指标通过相互驱动的因果关系共同构成了一个完整的绩效评价体系。这些信息化绩效评价理论的研究有力地充实了企业信息化绩效评价的理论体系。

国内，刘凤琴、唐志容等专家大致在 2000 年以后形成了对企业信息化评价的研究成果，也相继提出了我国企业信息化评测的指标体系。国家信息化测评中心在 2002 年 10 月 9 日正式推出了我国第一个面向效益的信息化指标体系——《企业信息化基本指标构成方案（试行）》，以全面评估我国境内各企业的信息化发展和应用水平。

在公共事务领域，早在 20 世纪 80 年代，英国的审计委员会（The Audit Commission）认为，经济（Economic），输入成本的降低程度；效益（Effectiveness），产出对最终目标所作出的贡献大小；效率（Efficiency），产出和投入之间关系，即所谓的"3E 标准"，是能够衡量公共组织的绩效的基本方法。但是在高校信息化的投入和需求中，由于公平（Equity）和利益是紧密而不可分割的，公平性的要求同样应该被体现出来。同样，经济、效率、效益、公平，也是逐层递进的。经济关注的是投入成本问题，效率则强调投入与产出之间的关系，效益则更加侧重于产出的贡献，公平则更加侧重于产出的范围和程度。如果对高校信息化绩效的问题进行透彻全面的研究，使用这样层层递进的分析方法才是最为恰当的。对于高校信息化的绩效评价，较为合理的分析方法是采用经济、效率、效益、公平的"4E"标准进行分析。它一般包括四个方面的绩效指标（4E）：（1）经济 /成本标准。高校信息化绩效的经济指标是指高校信息化工程按法定程序的投入状况。其追求目标是以最低的投入或成本，生产和提供给定数量和质量的信息化产品和服务。（2）效率/生产力标准。高校信息化绩效的效率指标是指高校信息化工程投入与产出之间的比例关系。其追求的目标是以一定代价获取最大的收益。（3）效果/质量标准。高校信息化绩效的效果指标关注通过信息化工程的实施后，校方、教师、学生是否满意，教学质量是否有了改善，工程是否达到预期目的，它关心的是目标和结果。（4）公平。高校信息化绩效的公平指标与法律和社会理性密切联系的，其侧重的是信息化工程效果和努力在社会群体中的不同分配。公平作为衡量指标时，关心的是"接受信息化服务的部门和个人能否受到公平的待遇，需要特别照顾的弱势群体是否能够享受更多的服务"。基于以上论述，高校进行信息化绩效评估时应以企业为榜样，吸取有益的实践经验和理论，积极探索和建立合理信息化绩效评估模型。

四、高校学生事务管理信息化

高校学生事务管理信息化的含义就是在原有学生事务管理模式的基础上，以交互化的学生工作信息网络为支撑，通过全面开放的信息化应用服务体系，对学生事务管理工作的传统体系在应用模式和管理模式层面进行改造，以求形成更便捷高效的学生工作管理模式和实现对高校学生有效的教育及引导。

（一）高校学生事务管理信息化内容

学生事务管理信息化就是高校通过建立和使用功能完善的学生事务管理网络平台、实现数字化和流程网络化学生信息管理模式。学生事务管理信息化的根本是要以信息技术对传统的学生事务管理工作流程进行优化改造，在运用基于信息化管理平台的学生管理工作运行机制基础上，使用数字化形式将学生事务管理工作的信息加以整理、归纳、运用及共享。

高校学生事务管理信息化主要由学生事务管理的各个信息化系统平台、信息化硬件、信息化制度和相关熟悉信息化操作的工作人员共同组成。高校学生事务管理信息化的核心是学生信息管理系统。在学生事务管理的整个信息处理过程中，学生档案信息处于中心位置。

（二）信息化高校学生事务管理的构成要素

作为一个管理领域的信息化，高校学生事务信息化管理同样包括信息网络、信息资源、信息技术应用、信息化人才、信息化产业和信息化政策法规六大要素。这六个要素是一个有机整体，构成了高校学生事务管理信息化体系。其中，信息网络是基础，信息资源是核心，信息资源与信息技术的应用是目的，信息化人才、信息化产业、信息化政策法规是高校实施学生信息化管理的保障。

下文介绍信息网络、信息资源、信息技术应用、信息化人才、信息化产业和信息化政策法规这六大要素的概念、意义。

1. 信息网络

信息网络是高校学生事务管理信息化建设的重要内容，也是实现学生事务管理信息化的物质基础和先决条件。目前，我国很多高校都提出"数字化校园"的建设构想，并付诸行动，校园网络建设得到快速发展，几乎所有的高校都拥有自己的校园网络并与中国教育管理网无缝连接。学校的各级管理部门大多实现网上办公并积极建设自己的管理网站。同时，高校为学生上网提供了各种各样的便利条件，加大了学生计算机中心、网络实验室的建设力度，加强了学生宿舍局域网的建设。这些基础设施的建设为高校学生事务管理信息化奠定了坚实的基础。

2. 信息资源

学生事务管理信息资源是应用于高校学生事务管理和管理过程中的各种信息资源，它的有效开发和利用是高校学生信息化管理的核心，也是关系到高校学生信息化管理成败的关键所在。

学生事务管理信息资源可分为以高校学生事务管理信息为核心的学生事务管理软件资源和以学生事务管理信息系统中的基础数据为核心的学生信息资源。其中，学生事务管理软件资源主要包括以多媒体素材为基础的多媒体信息资源和以学生事务管理信息资源的生成、处理、分析、决策、利用为基础的各种工具资源和 Internet 资源，学生信息资源是指为实现现代学生事务管理而建立的以被管理者、管理内容、管理资源及其支持服务体系为主要内容的各类数据库资源等。

3. 信息技术应用

信息技术在高校学生事务管理中的应用是高校学生信息化管理建设的根本出发点和主要目的。有了信息网络和信息资源这些基础条件之后，信息技术的应用成为高校学生信息化管理建设的主角。可以说，学生信息化管理的效益主要体现在信息技术的应用这一环节。在信息技术应用方面应主要做到以下四点：一是做好与思想理论、方法密切相关的建设，它决定信息技术在学生事务管理方面应用的方向，直接关系到信息技术管理应用的质量和效果；二是建立与当地学生事务管理信息化环境、教育管理对象及教育管理内容相适应的信息化学生事务管理模式；三是必须提高管理者及受管理者应用信息技术的兴趣和基本技能；四是在不同层次上开展信息技术与高校学生事务管理整合的理念研究和实践，并将其作为学校信息技术管理应用的主要任务。

4. 信息化人才

实行高校学生信息化管理，人才要先行。为了实现高校学生信息化管理，需要培养大量掌握信息技术基本知识、具有先进的学生事务管理理念以及具备信息技术应用能力的学生信息化管理人才。

高等教育行业某一领域的信息化管理人才有两种含义：一是通识型学生信息化管理人才，这是对在高校中从事各种学生教育、管理、服务的各类人员而言的，是对该领域全体工作人员信息技术知识、能力和素质的共同要求；二是专业型高等教育学生信息化管理人才，主要是指专门从事学生信息化管理物态化技术和智能形态技术的研究与开发，高校学生信息化管理应用和维护的专业人才。

一般来说，对通识型高校学生信息化管理人才的要求是应具备基本的获取、分析和加工信息的能力；对专业人才的要求更高，分工更细，可以是高级软件人才、网络工程师等。

5. 信息化产业

信息技术是指对信息的采集、加工、储存、交流、应用的手段和方法的体系。它的内涵包括两个方面：手段和方法。手段即各种信息媒体，如印刷媒体、电子媒体、计算机网络等，是一种物化形态的技术。方法即运用各种信息媒体对各种信息进行采集、加工、储存、交流、应用的方法，是一种智能形态的技术。信息技术就是由信息媒体和信息媒体的应用方法两个要素所组成的。信息技术的核心是信息的数字化、信息传播的网络化。信息技术是高校学生信息化管理的技术支持，是学生信息化管理的驱动力。在高校学生信息化管理过程中开展信息技术研究不仅可以丰富高校学生事务管理信息化的研究内容，更重要的是可以将新的、更加有效的物态技术和智能形态的技术应用于信息化学生事务管理中，提高学生信息化管理的效果和水平。

信息技术产业主要指信息技术设备制造业和信息技术服务业。由于信息技术设备制造业的发展需要强大的技术和资金优势做后盾，因此，在我国高校学生信息管理进程中，信息技术产业的发展应由不同的社会部门分工协作来完成。其中学生事务管理信息技术产品的制造业应动员学生事务管理部门、科研院所和相关企业等互补性较强的部门共同参与，以便将学校从学生事务管理信息技术产品的开发中解脱出来，集中精力和优势资源做好以学生事务管理信息资源的开发、利用为主的信息技术服务。

6. 信息化政策法规

高校学生信息化管理是一项系统工程，为确保高校学生事务管理信息化工作的顺利进行，高校及相关部门必须对学生事务管理信息资源开发、学生事务管理信息网络建设、学生事务管理信息技术应用、学生事务管理信息产业等各个方面制定一系列政策法规，以规范和协调各要素之间的关系，这既是高校学生信息化管理发展的重要条件和有力保障，也是开展高校学生事务管理信息化工作的依据和蓝图。只有这样，才能使高校学生事务管理规范化、秩序化，推动高校学生信息管理健康顺利地向前发展。

（三）高校学生事务管理信息化的性质和特征

高校信息化的实质，就是利用先进的计算机技术、网络技术，实现高校校园网络化、管理科学化和信息资源数字化。其中，校园网络化是信息化的基础，管理科学化是信息化的保证，信息资源数字化是信息化的核心。

高校信息化是一个动态的发展过程，是一个对传统教育观念、教育模式、管理体制、组织结构及业务流程等不断改革和优化的过程，有利于提升教学、科研、管理、服务等活动的效率和质量。同时，其本身也在这个动态发展的过程中得到不断的健全和完善，并不断注入新的内涵。

从静态的组织结构形态来看，高校信息化具有系统属性，有其自身的体系结构。从其表现形式来看，是一个观念信息化、组织信息化、管理信息化、事务信息化、工具信息化等有机结合的整体；从其体系结构来看，是由网络平台体系、信息资源与数据库体系、信息化应用与服务体系、信息化规范与标准体系、组织管理体系、技术与安全保障体系等构成的完整体系。

（四）信息化技术在高校学生事务管理中的应用方式

针对学生事务管理的难点，高校应该把控大方向，充分利用信息化技术，及时了解学生的思想发展趋向，调整管理方式。

1. 构建完整的信息化学生事务管理系统

信息时代，智能技术迅猛发展，人们的生活方式发生了较大改变，无论进行何种活动，采用自助方式能够最大限度节省时间。高校学生事务管理应该与时俱进，构建完整的信息化管理系统，使学生在感受"自由"气息的同时，培养自我约束的能力。

2. 充分利用智能设备了解学生的真实思想

高校学生思想各异，是学生事务管理中的难点。学生进入大学之后，迅速由"他律"转向"自律"，学生很容易迷失；骤然离开自己生活了近20年的故乡，风俗习惯、语言文化都可能受到强大的冲击。在无法倾诉的情况下，学生容易产生心理问题，只靠老师、同学当面关心无法解决问题。因此，管理者必须充分利用智能设备，通过互联网与学生进行充分沟通，及时了解学生的真实思想，积极引导，使学生尽快调整心态，全身心投入学习之中。在具体管理中，高校应该做到：第一，明确利用智能设备与学生的沟通方式，人人平等，没有老师与学生及管理者与被管理者的区别；更没有上下级关系，沟通双方处于同等地位，可以无话不谈。第二，保证沟通内容的隐私性。学生的内心既脆弱又坚硬、既单纯又决绝，一旦学生认为自己受到了最信任的人的欺骗，学生内心会骤然冰冷，会对学生事务管理造成严重障碍。第三，隔着网络这层窗户纸，学生会放下很多思想包袱，认真与管理教师分享自己的心路历程，教师需要用心聆听学生完整的陈述。一些年龄偏大的人往往认为"我吃过的盐比你走的路都多"，自以为了解一切，在他人话说一半时会粗暴打断，从而使学生再也不想、不愿甚至厌恶与他人交流，造成自闭、抑郁等当前严重的社会问题。聆听过程是管理教师收集学生事务管理信息的最佳方式，明确学生的问题出现在哪里，对症下药，能够在管理上取得事半功倍的效果。

3. 结合信息化技术改善思想教育工作方式

高校学生思想教育工作不仅需要在课堂上进行，在学生事务管理中同样可以"渗透"。学生普遍对"开大会、喊口号"等方式无感。网络时代，学生获取信息的渠道多种多样，接触事物涉及领域广泛，加深了学生的爱国主义等情怀。高校应该注意收集极具鼓舞性的视频，通过校园网、微信公众号、微博等信息交流平台分享，既能增加学生关注度，又能让学生看到学校管理者并不是高高在上、只会空谈，接地气的做法最容易获得学生的好感。针对国家政策导向等相对严肃的话题，为了便于学生理解，管理者也可以制作一些趣味性视频和新闻稿，使用网络用语，将严肃的气氛冲淡一些，使学生乐于观看，在轻松的氛围中了解国家大事，提升思想教育工作成效。

4. 建立有效的信息化反馈渠道

当代学生想法丰富，敢想敢做，敢梦敢当，对于高校日常事务拥有自己的见解和疑问。过去很多学生的建议，管理者并不重视，看完之后在学年大会上提及一句了事，导致很多有为青年的合理构想被埋没。因此，高校应该建立有效的信息化反馈渠道，实时接收来自学生的建议并及时回复。很多高校正在兴建新校区，占地规模、配套设施等相较老校区都有根本性改变，比如智能化图书馆、游泳馆、健身馆等，但很多工程需要经年累月的建设才能完成，有些学生终其高校生涯都无法等到建成的一天。基于此类情况，管理者可以通过信息化渠道向学生宣布，无论何时，学生的母校都不会变，尽管现在无法享受到新设施新服务，但在不久的将来学生可以随时返回校园重温学生时代。学生毕业之后虽然会各奔东西，但会永远记得学校的好，尤其是在重视学生意见、利用信息化渠道与学生沟通这一点上，毕业生会对学弟、学妹进行正向引导，从而使高校学生事务管理工作长时间维持高效率。

总体来说，我国高校教育水平正在朝良好趋势发展。高校学生事务管理需要从学生思想方向和实际情况出发，积极了解学生的真实想法并加以正确引导，让每一位高校学子树立正确的人生观、价值观、世界观，努力成为能为国家发展做出贡献的人。

第二节　信息化发展对高校学生事务管理的影响

一、我国高校学生事务管理的现状

目前，我国各大高校在校园信息化基础设施的配置和信息化管理平台建设方面已经相对完善，对各项学生事务基本实现了信息化管理。

（一）高校学生事务管理信息化的基础设施建设不断完善

20世纪90年代以来，我国的教育信息化建设呈现快速发展的趋势，高校学生事务管理作为信息化建设的一部分也在迅速发展。校园信息化基础设施建设、计算机系统建设以及在高素质的信息化人才培养方面都取得了显著的成效。目前在全国范围内已经逐步建立起中国教育科研网、地区性教育网等。各大高校也逐步普及了校园网；校园里各种多媒体教室、数字图书馆、自助校园导航终端等设备大量出现。当前，教育信息化进入了一个新的更加便捷的发展阶段。大学的这些基础设施广泛应用了先进的通信和计算机技术，很多大学在新生入学、学期注册、咨询服务等方面都实现了信息化。

（二）高校学生事务管理信息化系统和平台建设日趋完善

教育信息化的一个重要方面就是构建一个适用于教育领域的庞大信息资源系统。信息化平台不仅是一个事务管理系统，而且是一个集决策支持、行政事务管理等于一体的综合管理服务平台。它是以高校信息资源管理和应用为核心，建设基于高校管理与服务，适应学校发展与创新需要，构建一体化、多层次的高校管理信息系统应用体系。在具体实践中，数字化校园网络平台由以下几个层次结构组成：计算机硬件基础设施建设是高校信息化平台建设的基础，其包括各种计算机设备、交换机和校园网专用服务器等，这是高校校园网建设的根基。数字化校园的核心是数据库，由学生信息库、教师信息数据库、档案信息库、教学资源信息库和管理信息库构成，为信息化平台建设提供数据支持。各个数据库相互独立但是也存在着很强的关联性，学校可以通过不同数据库之间的内在联系把各个数据库连接起来，方便师生进行查询。基本信息服务是指数字化校园在以信息共享的软件基础上，能提供给我们的各项基础应用，包括校园一卡通管理系统等。利用数据挖掘技术对数据仓库进行应用挖掘，生成的各个应用系统直接管理各种信息资源，校园网用户可以直接使用。高校是教育信息网络资源技术的中心，同时，高校拥有信息化的最重要的资源——通信、网络、计算机的专门人才，拥有强大的技术优势。各大院校相继建立了校园网，校园网涵盖了学校概况、师资力量、后勤服务、就业服务以及论坛等各个方面，为学生的学习生活提供一站式服务。

二、信息化为高校学生管理工作提供了新的机遇

（一）信息化实现了高校学生管理工作科学数字化

社会信息化，是以互联网技术为代表的信息技术发展的一个必然结果。社会已经步入信息化时代，社会信息化对于高校学生思想政治教育工作的影响是深远的。信息化让学生管理工作转向数字化。以前，高校在统计学生基本信息时往往采用一个学生一张信息登记表的形式，以便于辅导员或其他老师了解学生的基本

情况。而现在，在对部分高校的老师进行调研时发现，学生的信息统计基本上都已经采取数字化的存储方式，当需要查找学生信息时则可以方便地进行数字信息查找。同样，在高校数字化校园建设中，由于要求每个新建设的系统都要与中心数据交换平台相兼容，要符合数字化校园的标准，因此往往新系统的业务数据都会被提交到中心数据库中。这样做方便实现学校数据管理的标准化、集成化、权威化，并确保数据的完整性、有序性、一致性和共享性，为业务系统和最终用户提供了便捷、高效、安全的数据存储，让访问服务实现对数据的有序组织和集中管理，同时推动和促进职能部门的业务规范化和学生管理工作的科学化。实行高校学生管理信息化，可以使学生管理工作的内容与管理流程更加科学化、制度化、规范化，它可以避免繁重的人力劳动，将原来大量的重复工作简化，避免人为的不合理因素，节约了人力，减少了工作量，并且避免了工作中的一些失误和错误，提高了工作效能，拓展了学生管理人员的工作空间。

（二）信息化加强了高校师生间的沟通与反馈

高校大学生作为具有较高文化层次的特殊群体，在网络时代无疑也是受影响较大的重要团体。如此庞大的参与群体给高校学生管理工作的开展提供了便利，也为进一步加强与学生沟通与反馈提供了便利。

信息技术的发展和普及使得低沟通成本的信息化手段迅速深入高校学生管理的各项工作当中，高效便捷的信息技术在被大学生所追捧使用的同时也在较大程度上提升了高校学生管理者与学生的沟通效率。另外，微博、微信等网络新媒体所具有的互动性、移动化、个性化、主动性等传统媒体所无法比拟的优势让它成为一种全新的传播技术，也越来越受到人们的喜爱。在对高校学生管理工作人员的访谈中，他们也都提到，高校学生特别钟爱微博、微信这些新媒体，如果能够利用新媒体来突破大学生思想政治教育工作局限，使人与人之间交流与沟通得以增强，那么针对大学生的思想政治教育的实效性会大大增强。同时，由于网络等新媒体具有信息量大、共享便捷、传递快速的优势，在高校开展学生管理工作中如果可以利用新媒体及时传播时事资料、先进思想、先进案例等信息，学生管理工作者就可以将这些信息制作成自己喜欢的资料，使思想政治教育工作的内容更加丰富化、灵活化，这既能使大学生开阔视野、提升境界，又能使思想政治教育工作多样化，为大学生管理工作的创新提供良好的环境。

（三）信息化让高校的学生管理工作更加高效便捷

学生管理工作信息化是高校工作的现代化和高效化的助推器。作为高校发展目标的学生工作信息化管理既是信息社会的一种表现也是社会信息化的一个具体目标，管理信息化和人本主义教育协调发展有机结合的学生信息化管理，有力推动了高校学生管理工作的现代化和高效化。

三、信息化对我国高校学生事务管理的积极影响

信息化在高校的迅速普及大大方便了学生的学习生活，也大大提高了学校管理部门的工作效率。学校在实现校园管理的同时，更加注重服务的便捷。

（一）信息化促进数字化校园的建设

所谓数字化是指应用现代信息技术，将文本、声音、图像、动画等物理信息以一定数字格式录入、存储及传播，简单地说就是信息处理的计算机化。数字化校园就是要在校园内建设一个以校园网为媒介，以信息化管理为重点，以信息化服务为支撑的便捷的校园管理系统。同时校园主干网络的建设覆盖整个学校的建设，连接包括图书馆、食堂等自助终端设备，实现校园网和区域主干网的对接，实现教师教学、学生事务管理、教师教育研究的信息一体化，随时随地为校园里的教师和学生提供便捷的信息服务。建设数字化校园就是建设一个理论和实践相结合，信息技术过硬、应用广泛的信息系统，实现信息服务数字化、智能化，信息管理自动化。实现学生事务信息化管理就是要借助于智能化的电脑系统，将学校行政管理、学生事务服务等不同的系统对接，使各个部门之间的数据库实现共享，可以有效地缓解各个部门、各个院系各行其是的状况。这些信息通过网络转化为数字形式，比起传统的上传下达的工作模式来说，大大加快了信息的传播速

度和辐射范围,提高了工作效率,促进了数字化校园的建设。以华中师范大学为例,校园内师生分别持有不同类型的校园一卡通,师生可以凭借这张卡片享受图书馆的各项服务,也可以在食堂、学校各大超市自主消费,同时还可以在学校各个教学楼、食堂的圈存机进行银行圈存、补助领取、消费明细查阅等,真正实现了"一卡走遍校园"。除此之外,学校建立了博雅论坛,学生可以在上面查阅到休闲娱乐、兼职就业等各种不同板块的消息,同时可以实名注册,在网坛上各抒己见,畅所欲言。

(二) 信息化创新高校人才培养模式

所谓人才培养模式是指高等学校根据国家人才培养目标和质量标准,为大学生设计的知识、能力和素质结构以及怎样实现这种结构的方式。传统的高校人才培养模式强调模式化、专业化和统一化,普遍使用的还是家庭、学校、社会三位一体的育人模式。在这个模式中,家庭、学校、社会各自发挥自己的育人功能,力求每一环节都做到最好,但是三方面缺乏信息的沟通和共享,不能及时了解每个学生的不同需求,不能做到因材施教、量体裁衣,难以真正实现学生的全面发展。而在当前全国信息化的大趋势下,信息社会中人类智能化的创造力得到普遍运用,这对人才的思考问题方式、经济活动方式、社会实践产生了巨大的作用。高校培养人才必须与时俱进,符合社会不断变化的发展和需要,必须不断提升学生的能力素养和职业素养。学生熟练地掌握和应用计算机可以根据相关专业知识对信息进行进一步分析,果断进行思维判断,科学实践,从而能对现代化的信息社会从容适应。大学培养的人才不是温室里的花朵,是能够投身于信息化的大潮中,能够在激烈的市场竞争中脱颖而出的高层次人才。现在高校信息化发展处于依托校园网络、继续加强和完善的阶段。传统的像产品制造一样的机械式人才培养模式早已跟不上时代的潮流,必将被信息社会所淘汰。我们应当抓住高校信息化建设的时机促进人才培养模式的转变。同时,我们应该以人才培养模式的转变进一步带动高校信息化的发展,真正做到人才培养和信息化建设两者相得益彰,协同发展。

（三）信息化促进高校工作载体创新

所谓思想政治教育载体是指承载、传导思想政治教育因素，能为思想政治教育主体所运用，且主客体可借此相互作用的一种思想政治教育活动形式，比如班会、讨论、电视、广播、各种社会活动等。教育者正是借助这些活动媒介对教育对象进行思想教育并与其进行双边互动活动，从而达到一定的教育目的。

传统的高校工作载体主要是交谈、书信、电话、报纸、广播、电视等。但是这些载体已经不能适应信息化时代的要求，在信息化时代，互联网已经成为主要的载体，思想政治教育载体应与时俱进，与信息化协调一致已成为一种趋势。网络的虚拟性使学生在网上建立虚拟共同体、虚拟社区等。QQ、微信、短信、微博、网络心理咨询等越来越成为一种大众交流的方式。将短信、微博等新形式纳入思想政治教育载体的范畴，是当前信息技术迅速发展的要求，也符合思想政治教育载体与时俱进、多元化、宽领域的要求。这些新载体的出现是对传统思想政治教育载体的补充和发展。手机的使用在我国相当普及，已经成为生活必需品，有的人甚至不止拥有一部手机，人们可以通过手机随时随地发信息、通话，因此短信成为一种新的载体形式，突破了传统载体时间、地点的限制。学校可以提供不同的思想政治教育板块，学生可以采用短信免费定制这些内容，随时随地接受思想政治教育的熏陶。而微博也是随着信息化产生的新兴事物，它借助互联网和手机两个平台，作为思想政治教育新载体，更具有针对性和实效性，其最大的优势不仅在于用户多，还在于它的闪电式传播，一条有吸引力的信息能在短时间内遍及全球。高校可以建立自己的微博，不仅要有相关最新通知政策，还要有学生感兴趣的时事政治、娱乐新闻等内容。学校的官方微博除要形式新颖外，还要善于开发出学生感兴趣内容背后的教育价值，实现一举两得。高校网络心理咨询主要是指一些心理方面的专家或心理学院的教师开设的网上工作室，有意咨询者可以通过电子邮件向其咨询关于心理学的专业知识，获得心理问题方面的帮助，学会调适、寻求发展。电子邮件比传统的信件省时省力，而且大部分是通过匿名的方式，使学生没有后顾之忧，更有利于及时发现和解决思想政治教育和学生事务管理中存在的问题。可以说，信息化极大地促进了高校工作载体的创新。

四、现行高校学生管理工作制度与管理手段在信息化背景下的适应性分析

高校学生管理信息技术应用制度仍需完善。虽然目前学生管理信息化还处于实践摸索阶段，发展历程较短，部分人员还不能很好地对其加以利用，任何一项工作如果没有制度的保障其发展都不可能是一片坦途。信息技术的应用本应是提高工作效率，但由于制度的缺陷造成管理人员在信息技术应用方面参差不齐，管理人员的工作流程和程序各不相同的现象很容易造成学生管理工作的混乱，不利于学生管理工作的正常开展。

在高校开展学生管理信息化的过程中很容易出现多头管理等问题，再加上各个职能部门的目标互不相让，职能部门在信息化建设中"自立门户、各自为政"的现象也十分常见。这些问题使教育信息化的基础设施不能发挥应有的积极作用，造成了设备重复购买，信息资源重复建设和利用率低，信息化标准和交换标准建设进展缓慢，资源的整合与共享难度大等诸多问题。

学生管理信息化缺乏部门间的联动性，缺少有力的牵头部门。众所周知，高校学生管理信息化应是全校范围的系统化信息建设项目，并非只局限于学生处或教务处等单一的职能部门，它的存在也并不只是简单的信息录入与存储，更重要的应该是实现信息资源优化和共享。

五、高校学生管理工作信息化中的软件与硬件配置需求分析

由于高校学生工作信息化建设涉及面比较宽，其不但包括办公计算机、网络服务器、多媒体、电教设备等硬件设备，也包括学生信息管理系统等系列专用软件等，这些都需要大量的资金投入。而一些学校的领导对学生管理工作信息化的必要性认识不足、重视不够，积极性不高，缺乏对高校学生管理信息化建设的必要投入。高校学生管理工作信息化软硬件投入不足首先表现在领导的学生管理信息化意识不强。由于高校个别领导缺乏战略性思维，没有意识到信息化在当前高校学生管理中发挥的重要作用，对信息化建设存在着可有可无的认识。即使有开

展信息化的想法，但是由于主观上缺乏对信息化的全面认识，最后也因为技术、资金等问题不能开展。

高校学生管理工作信息化是一项巨大的、高投入的系统工程，需要一些必要的硬件设备，还需要诸如防火墙、入侵检测系统等软件支持才能发挥作用，这一切必须有足够的资金做保障。同样，网络建成后的维护与管理、软件的开发与研制、设备的更新与升级，也都需要大量的经费作为后盾。经费投入是高校学生管理信息化建设的前提条件。经费投入的多少从某种程度上决定了学生管理信息化建设的质量和水平。而部分高校没有建立完善的资金投入机制，缺乏信息化建设和系统运行所需经费，最后只能是"巧妇难为无米之炊"。

第三节　教育信息化背景下高校学生事务管理机制构建路径

信息化背景下高校学生事务管理工作是一项复杂而系统的工程，其最终目的是实现高校学生事务管理信息化，让信息化成为管理创新的重要手段。高校要调动一切有利于信息化建设的积极因素，努力建设信息化校园，让高校学生共享信息化成果。为此，高校就必须积极探索高校学生事务管理创新的基本思路，即在高校学生事务管理信息化目标的指引下，培育适应信息化的管理新理念，完善传统的高校学生事务管理机制，加强信息化队伍的培训，丰富高校学生事务管理的内容、方式和手段。与此同时，积极探索创新的具体途径，实现高校学生事务管理信息化的创新发展。

一、明确信息化背景下高校学生事务管理创新的目标和任务

信息技术对教育发展具有革命性影响，必须予以高度重视，要充分利用优质资源和先进技术，创新运行机制和管理模式，整合现有资源，构建先进、高效、实用的数字化教育基础设施。宽带网络要基本覆盖校园，初步优化信息化学习环

境，完善教育信息化体系，提升信息化服务质量，提高教育信息化管理水平，使教育信息化成为教育改革和发展的先锋。

校园信息化是教育信息化的核心。校园信息化的实现要以先进的计算机硬件设施为基础，以信息高度共享作为媒介，最终达到每一位学生都能对信息处理得心应手。而高校学生事务管理信息化是信息化校园建设的重要组成部分。实现学生事务管理信息化，就是要利用先进的信息技术高度整合管理信息，优化高校学生事务管理程序，完善高校学生事务管理机制，打造科学合理的学生事务管理信息化平台，为师生提供高效率、高质量的管理与服务。高校学生事务管理信息化建设包含以下几个方面的内容：信息化基础设施的建设，数字化校园建设，信息化管理程序的优化建设。高校学生事务管理信息化建设必须依靠先进的信息技术，也就是要凭借相关的硬件设施和计算机软件的辅助。事务管理数字化建设就是指将高校学生的信息网络化，将高校可能会用到的学生学籍信息、课程资源等和已经完备的管理信息库以相对固定的标准输入学生事务管理系统中，以便管理人员和学生查阅和调用。高校学生事务管理信息化并不是仅仅把传统的管理事务完全照搬到网络上，而是有目的地对管理机构进行调整和重组，同时还要对一部分烦琐的、过时的信息管理程序进行改造更新，改变传统的信息化管理理念。高校管理信息化建设只有做到这些，才可以大大提升管理效率，才能为高校师生、为社会提供更加优质的管理服务。高校可以将已经优化更新的管理程序保存下来，用于进一步升级，以节约后续的开发经费，同时也可以使学生事务管理更加规范化、系统化、科学化。学生事务管理人员运用科学的方式对管理数据进行整合、加工、处理，保留有用的信息，剔除无关的信息，不仅能优化程序，同时可以为管理层提供有益的管理经验。

二、培育适应信息化的高校学生事务管理新理念

高校学生事务管理创新的前提是理念创新，但是，管理理念的创新不仅要有形式创新，也要有内容创新。理念创新是一种高度凝缩的集体的智慧，它以提高

自主创新能力为核心，不仅注重人们外在的显性理念，更注重潜移默化的隐性理念。管理理念创新的目标就是要使学生事务管理者能够在信息化的大潮中及时更新个人观念，融合集体的智慧，形成优化学生事务管理、提高事务管理效率的新观念。

（一）高校学生事务信息化管理的新理念

第一，柔性管理理念。柔性管理理念是时代发展的产物。只有在知识的社会地位提高时，人们才会更加关注人的主体发展。美国管理学家麦格雷戈（Douglasm.MCGregor）于 1957 年提出了 X-Y 理论。这个理论指出，人们趋向任务目标的目的性，拥有的内在发展潜力都是人本身所固有的，不是完全在后天形成的。管理的作用就在于为人们提供一个扫除发展阻力、开发内在潜力、促进成长的平台。权变理论是在 20 世纪后半叶由美国管理学家弗理孟特·卡斯特（Fremont Custer）与杰姆斯·罗森次韦格（James Rosenthweg）提出的。这个理论认为在管理过程中，管理者要机智地应对各种可能发生的情况，因时制宜，因地制宜，具体问题具体分析。而柔性管理理念就是在 Y 理论与权变理论的前提下发展起来的一种科学优化管理理念。

高校柔性管理主要涉及学生管理方式、学生管理机构和治校理念的提升。高校学生柔性管理理念是指以学生身体和心理发展规律为基础，依靠民主的方法说服学生，使学生自觉自愿地把学校的目标内化为学生集体的自觉行动的心理意识。高校学生柔性管理理念主要体现在具体的微观方面。即对学生的管理理念上不仅要摆脱长辈似的权力式教育，尊重学生的个性需求，而且要鼓励学生民主式参与，强化管理者的服务意识，这就需要加强学生事务管理人员的专业素质。柔性管理理念不同于传统高校学生事务管理理念，高校学生柔性管理理念的最大特点就是管理理念的落实而不是强制地灌输给学生，是让学生在日常生活中潜移默化地体验到被尊重，而后依靠学生群体的内在心理活动，让学生积极地发挥主观能动性，逐渐从自觉意识到主动实践。同样，高校学生柔性管理理念来源于学生事务管理的实践，又对学生事务管理实践起指导作用，还对学生无意间起到心理动员和激励作用。马斯洛（Maslow）理论曾指出人只有在低级需要得到满足的时候才会有高级需要——自我实现的需要。柔性管理理念就是通过对学生需求的满足而不是单纯通过纪律来实现管理。在高校学生事务管理中，必须抓住柔性理念的比较优势，在对传统理念批判吸收的基础上，使两者形成互补，才能真正促进高校学生事务管理水平的提高。

第二，服务推荐理念。推荐系统是指一种在特定数据库中搜索指定数据，使用相关信息分析技术对数据进行处理，向用户主动提供及时、精确、科学的信息，并依据用户的反馈及时对推荐结果进行改进的应用技术。推荐系统不仅要能根据用户个性需要对用户提供及时的信息服务，而且要能积极主动地关注收集甚至提前预测用户可能感兴趣的信息，提前进行信息的收集和整理工作，切实实现对用户的个性化信息服务。服务推荐的主要特征就是主动性、高效性和灵活性。主动性即推荐服务在用户没有发出信息请求的时候主动传输用户可能会用到的数据。高效性主要是指推荐系统能够有效利用网络空闲时期传送大量的数据信息。而灵活性则表现在用户能够灵活地根据个人需求安排系统连接时间，自动获取网上音频、视频等个人用户指定的信息资源。这种服务推荐的技术体现在高校学生事务管理上即为服务推荐理念，即借鉴服务推荐技术的主动性、高效性、灵活性，使高校学生事务管理人员提高主动服务意识，提升到战略思想发展的高度，使每一位管理人员都拥有让"让每一位学生满意"的服务理念，满足不同学生的个性化需求，把"让每一位学生满意"作为信息服务的最终目的，为每一个学生提供高质量的信息服务。

（二）更新信息化的高校学生事务管理理念的途径

首先，重视教育培训，学习事务管理新理念。高校学生事务管理信息化建设必须以学生为本，大力增强管理队伍的信息化意识。第一，通过培训强化管理人员的信息化意识。学生事务管理队伍是贯彻落实管理信息化的主体，因此管理人员应用信息技术的水平和能力直接关系到整个学校管理信息化的速度。但是管理理念的养成必须建立在对现代化信息技术熟练应用的基础上，因此要加强对管理人才的信息化技能培训，确保人人能够基本掌握信息技术的相关知识和实践操作能力，并能够对相关的学生信息进行简单的加工处理，如学籍信息、注册信息、学生选课信息等。更重要的是要加强管理人员的思想观念培养，让他们能够充分认识到信息技术在当代信息社会的重要性，在把对信息化的认识上升到一定高度，同时要树立在管理中自觉应用信息技术的观念，培养和现代信息技术相适应的新型化管理理念，这是信息化培训的重中之重。第二，建立一支专业化的信息技术队伍作为信息化培训的有效支撑，同时把一部分计算机专业的学生纳入信息技术管理人员的行列，让他们利用课余时间进行信息化的兼职工作。这支队伍一方面负责信息系统的完善和维修工作，确保系统设计的科学合理；另一方面负责教育培训的后期工作，及时解答培训人员遇到的各种疑惑和问题，帮助他们尽快掌握基本信息技术和现代信息管理理论。第三，对全校人员开展信息化培训，不仅包括管理人员在内，还应包括学校领导和全校学生。使他们能够系统了解信息系统的开发和应用原理，强化信息化管理思想和意识，增强个人信息化素养。提高管理人员在日常管理工作中自觉应用信息技术的能力，提升工作效率，促进学生事务管理体制的改革和创新。

其次，通过校园文化，加大对管理新理念的宣传力度。传统的校园文化主要是通过广播、公告等方式传播。在当代信息化的冲击下，校园文化的与时俱进能够促进柔性管理和服务推荐理念的传播。学生事务管理人员要积极主动以网络平台为教育阵地，努力开展积极向上的线上文化活动。第一，利用校园网普及范围广的优势，设立专门的形式新颖的理论研究窗口，及时对国内外重大教育时事新闻、国家重大教育政策和学校有关学生管理方面的政策进行宣传，使网络成为教育政策、教育理念宣传扩散的平台，使学生事务管理理念不只是进"校园网"，而是走进学生心里。第二，学校建立网上互动平台，由专门的队伍负责，包括学校里各种受学生欢迎的社团，也包括一部分专业教师，通过各种调查研究了解当代大学生感兴趣的话题、感兴趣的活动、学习生活中可能会遇到的问题，在这个平台平等地与学生互动交流，畅所欲言。学生也可以在线提出各种活动意见，以便及时地加以改进。最重要的是活动要具有超前性和预测性，真正做到推荐服务、主动服务。第三，开设专门的心理健康咨询室。网络具有隐蔽性、匿名性，学生可以通过网络听取心理专家的建议，把心理疾患扼杀在萌芽状态，增强心理素质，保持心理健康。

三、建立和完善信息化发展要求的高校学生事务管理新机制

高校学生事务管理体制包括高校学生工作管理行政体制和高校内部学生工作管理体制。其中，高校学生工作管理行政体制是指高校组织领导高校学生工作的机构设置和权限划分。高校内部学生工作管理体制是指国家组织、领导学生工作管理的机构设置和权限划分。目前高校组织机构庞大、重叠，信息不灵通、管理回路不封闭，在信息化浪潮的冲击下，现行的学生事务管理体制已经不能够满足事务管理的要求，在信息化背景下迫切需要创新。

（一）建立高校学生事务管理新机制

高校学生事务管理机制的信息化创新建设主要涉及两个方面：管理组织结构变化和柔性管理机构的建立。

第一，管理组织机构会从高耸型组织结构趋向扁平化组织结构。高耸型组织机构管理机构过分重叠，责权分配不明确，人员配备不合理，工作效率低下。而过多的组织机构必然会导致形式主义与官僚作风。相反，扁平化的组织机构可以很好地避免上述问题的产生。扁平化的管理组织结构可以控制高校在学生事务管理上的不必要的投资。信息化的网络平台建设可以高效、准确、及时地处理大量人工无法完成的管理任务。这种节省大量人力资源成本的效率可以把闲置的管理机构予以合并或撤销。对于创新型的信息化人才，在网络信息化平台建设和管理策划过程尽可能地发挥其所能，给予其更多发挥职能的机会，对于其职业生涯的提升将起到极大的促进作用。

第二，管理组织机构从刚性管理演化为柔性管理。许多高校的管理组织结构非常庞杂，导致学生管理活动非常复杂。在急速发展的信息化时代背景下，陈旧的组织管理机构难以适应时代需求与社会发展的需要。而柔性组织结构可以顺应

时代和社会的变革，适时作出管理调整。柔性组织机构建设的过程也是高校简政放权的过程和提高时代适应性的过程。这种柔性组织结构可以充分发挥机构运行的高效性和统一协调性，提高决策的成功率与创新型管理模式的形成。国外的高校学生事务管理系统是一种扁平化的结构，管理层级少，分工精细合理，设置了直接服务学生的专业性事务中心，对学生多变的服务需求能做出快速的反应。我国高校需要借鉴国外扁平化的管理机制与柔性结构管理模式，减少学生事务系统工作机构的烦琐冗余。利用节余下来的管理成本，建设高效的信息化交流平台与优质的硬件服务设施，建立直接面向大众和全体学生提供服务和咨询辅导的学生事务管理服务中心，创建"一站式"服务大厅，简化学生事务工作流程，改变过去偏重行政管理的方法，以有效促进学校各项事务的发展。

（二）建立高校学生事务管理新机制的途径

首先，四位一体，协同服务。协同服务是指以整体应用效果为目标，以实现一个部门或几个部门信息交换与共享而建设的信息系统建设项目。对于高校学生事务管理来说，则是实现学校、学院、学生、社会四位一体协同服务。在信息化的冲击下，只有学校、学院、学生、社会四位一体，协同服务，信息共享才能满足信息化高效率的要求。只有以学生为主体，满足学生需求，高校学生信息化管理与服务才能持续发展和良性运行。高校的管理信息化系统将逐步变成多元主体参与的"大信息服务平台"。建立学校、学院、学生参与，社会辅助的管理与服务运作机制，将快捷的网络融入其中，将丰富的信息应用服务和各部门的协同管理相结合，可以减少各部门各自为政、服务效率低下的问题。尊重学生是基本，学生满意是出发点，主动服务是基本模式，双向沟通是成功要因。

其次，开展电子校务，促进信息公开。电子校务是指改变传统的校园管理模式，在校园管理中引入信息技术和管理理念，通过搭建网络平台来实现校园管理办公自动化以及资源的共享。电子校务的含义包括以下几个方面：第一，电子校务的建立要以校园网络设施的建设、信息技术的推广、信息网络技术人员的培养为基础；第二，电子校务的建立是以推进校务管理和拓宽校园服务为目标；第三，电子校务的建立并不是简单地将互联网技术运用到传统校务管理上，而是借助信息网络技术对校园组织结构、校务管理观念、管理方法以及业务流程进行优化重组；第四，电子校务通过信息网络平台实现了校园内资源的共享，建立了校园优化服务体系，提高了校园管理工作效率。电子校务应用信息技术，调动学校管理部门的积极性，对学生事务管理进行信息化处理。电子校务关注的焦点是在高校学生事务的管理与服务中，如何实现学校、学院和学生的良性互动。开展电子校务，及时通过学校的校园网、校园广播等平台公布学校的各项通知及各项活动等，信息公开能够提高学生事务的工作效率和效能，促使学校事务管理部门从职能型向服务型转变。

再次，参与国际合作，借鉴有效机制。在全球信息化背景下，高校学生事务管理信息化难免受到国际化的影响，管理信息化可以参与国际合作，以发达国家事务管理信息化为参考，吸收其有益经验，促进我国高校学生事务管理机制的创新与发展。比如，美国与英国实行的是以横向服务与接受服务的机制为管理工具，针对学生的不同需要，成立各种不同的服务中心。美国高等教育受到实用主义教育理论的影响，以注重学生的主体性、尊重个体的发展为重点。认为知识是由经验积累而生成的，与生活有密切的联系。学校是学生个人发展的重要场所，学校资源是学生良好发展不可或缺的条件。

英国的学生事务管理方式不同于美国，是一种以"学校、学院、学生事务管理体制"为核心的院校多线横向的机制，设立专门的学校级别的学生事务机构，为所有的在校学生服务，比如学习中心、事务管理中心等。不同于英国、美国、日本、德国采取社会形式服务管理体制，其管理过程集中在四个阶段：团体主义、接纳民主观念、民事与行政关系和社会全体共同参与。例如，德国高校学生事务在管理过程中，学生和学校实行以民事关系为主导，辅助行政关系相结合的管理形式。这种管理形式强调了社会在学生事务管理机制所承担的作用。德国高校推崇的是研究型大学，在学生事务管理方面形成了"政府主导、社会承担、高校参与"的理念，主张高校学生事务的管理应由社会专门机构而非高校承担，学校主要承担联络协调功能。可以借鉴这些国家的有效机制，针对我国的具体特点，实行引导、服务机制，尊重学生的主体性。

四、培养和建立促进信息化发展的高校学生事务管理队伍

学生事务管理人员不仅是学生事务管理的对象和主体，还是实践管理创新的主体。管理创新对学生管理人员的智力、能力要求非常高，因此管理人员要创新就必须具备良好的身体和心理品质，还必须具有创新的意识和能力。最重要的是，面临信息化时代带来的严峻挑战，高校管理人员必须具有创新的精神。

（一）建立高校学生信息化队伍

首先，高校学生事务管理队伍职业化建设。职业化是以事务处理资质为核心，以完成和提高工作效率为主要目标，依据社会需求和人的发展需求提出标准的过程。具体来说，职业化就是人们把某项工作作为其长期或者终身从事的专门工作领域，并利用严格的资格认定机制、专业化的培养实施机制和明确标准的量化指标来衡量、规定自我以及发展自我。高校学生事务管理人员的职业化建设就是指其以学生管理为终身职业，并能满足自身发展需要。美国的职业化发展水平较高，同样美国学生事务管理人员的聘任制度与晋级制度有明确、可以量化操作的指标与管理准则。对于专业能力方面，要求具有心理学、教育学、学生发展理论专业和管理实践应用等知识能力与专业素养。入职后的学习与发展同样不容忽视，美国学生事务管理者必须接受入职后的相关量化性指标考核与培训，进行资质鉴定，合格者才能继续聘用。我国高校也要求管理人员必须具有高尚的职业道德和职业操守，实行严格的选聘制度。

其次，高校学生事务管理队伍专业化建设。专业化是以人的专业水平为核心，以拓展提升从业人员的专业能力素养为目标，帮助从业人员以专业的视角适应专业岗位要求和熟悉岗位职责的过程。在秉承岗位职业化所要求的从业人员所需要的专业资格水平的基础上，学生事务管理人员要提高自我专业化水平，在资质上和专业能力取得认可。对于学生事务管理的专业化需要从两个方面来认识：一是职能分工专业化，学生事务管理部门和学校其他职能部门要有职能上的分工与协作；二是建设学生事务管理者专业化的职业水准。我国高校现今已经形成了职能

上专业化的管理机构和人员（专职辅导员）上专业化的管理队伍。但目前这种专业化水平仍然处于低水平的发展阶段。专业学生事务管理人员队伍的学历层次和思想水平存在差异，同时在队伍结构上年龄结构和性别结构配置不太合理，不能充分适应学生和学校的发展。要制定专业化的学生事务管理标准：一是学生事务管理在高等教育中具有相对独立体系；二是专门化的管理机构；三是专业化的学生工作管理人员；四是职业化的工作岗位标准。要建设专业化的管理团队，培养任用具有专业眼光、专业头脑、专业思想、专业研究方向的管理者是一项重要的任务。

最后，高校学生事务管理队伍专家化建设。专家化是以管理人员的职业发展为核心，以提升职业业务水平，满足社会需求与社会适用性为目标，使职业化、专业型人才在专门管理岗位上进一步发展，成为具有解决复杂问题能力和专业深入化研究能力的创新型人才。学生事务管理队伍专家化建设是指要求管理者在具备职业化水平和专业化素养的同时，在实践岗位任务的过程中具有创造性的研究理念与能力，具有激发管理人员的热情，拓展其职业发展空间，提高其职业化水平的专家型管理能力等方面的规范化引导机制。管理人员队伍专家化建设要求管理人员理论基础深厚、管理经验丰富、能熟练地解决高校中出现的各种学生问题和管理问题，在工作中努力成为集思想政治教育专家、管理专家、学生服务专家于一体的专家型人才。

（二）建立高校学生信息化队伍的途径

高校学生事务管理队伍是高校中负责学生教育管理的核心力量，承担着学生思想政治教育和学生事务管理的双重任务，培育一支能够适应信息化环境的职业化管理团队是学生工作队伍信息化的关键。培育高校学生信息化管理队伍应从以下四个方面着手。

第一，在信息化管理意识上要强化管理信息化意识的重要性与紧迫性。管理人员的认知水平往往会受到传统的学生事务管理方式的束缚，思维产生固化。对于信息化的管理方式不太适应，甚至认识不到信息化管理的重要性，信息化意识较为薄弱。信息交流时代的网络传播具有即时性、互动性和开放性。这使得高校学生管理工作更加复杂化，直接在一定程度上削弱了传统管理手段的有效性与执行力。管理人员具有创新意识是进行管理创新的必备条件与前提。创新意识和想象意识是创新的重要来源，因此要积极选拔具有创新意识的人才进入高校学生事务管理队伍。在实践的基础上，培训和引导管理人员的创新动机。信息化的宣传和信息化舆论形成可以促进高校学生事务管理者创新性专业意识的培养。

第二，培养具有应用信息技术能力的从业管理人员。培训从业管理人员的创新能力和应用能力。信息化背景下创新意识的养成不可能一蹴而就，创新能力的培养在从业者的工作中就显得格外重要。信息时代人们消耗最多的是智力与知识，这与工业社会时期的体力消耗和资源消耗大不相同。这就要求高校管理者不断地增强自己应用先进理念的能力与创新思维的能力。现代化的信息技术发展为高校管理体制的改革提供了强大的技术支持和发展手段，但同时也向管理者提出了新的任务与挑战。利用多种形式的培训模式，例如可以听取信息化管理讲座，参加不同领域的信息化管理经验交流会、论坛、年会等，这样就可以确保工作人员的管理思想与信息化接轨。这个过程可能存在一些困难，甚至是改革的阵痛，人员的调配与调整会有很大变化，所以在执行过程中不宜操之过急，而应当保障新旧管理体制之间稳定顺利地转换。对于高校管理信息化的工作者来说，面临的新挑战主要集中在信息技术的驾驭能力方面，可以在日常的管理实践中应用信息化平台，提倡和鼓励学生参与到信息化的交流互动中，这样在实践中提升自我和团队的信息化管理水平。同时，在高校建设的政策倾向上，应当给予信息化管理必要的支撑，使按照标准化运转的高水平专业化管理人员的管理工作得到强有力的保障。

第三，传统管理体制优势与现代化信息技术相结合。创新是以传统为基础的创新，要秉承扬弃的思想，充分吸收传统管理体制的优势，发扬信息化管理的技术性优势。传统的学生管理团队的最大优势在于拥有极高的政治理论素养，熟悉学生事务工作流程，了解特殊问题具体分析的解决机制。这种优势就要求管理者继续发扬对于基础理论熟悉的优势，利用个体在学生中的领导力与合理的管理方式，积极影响学生在价值观、政治立场、重大原则性问题上与党和国家的方针路线保持一致。这种传统优势单纯依靠网络信息化无法替代，所以要以扎实的理论基础为引导，以信息化平台为媒介，以数字化和自动化管理为手段，提高管理效率，减少各种冗杂的程序，使信息化管理方式与传统管理理论基础相衔接，实现高校信息化的成功转型。

第四，实行校企合作培养创新型信息化人才。制订并完善"产、学、研一体"的教学计划。课堂信息化教学与实践教学相结合，通过产学研结合，高效地建立研究性学习基地，全面提升大学生实践能力、信息化创新能力。利用研究性学习基地进行大学生创新创业教育，提高学生就业能力，并为其寻找创业商机。产、学、研合作机制是培养信息管理创新人才的制度保证。国家教育管理部门及高校要制定鼓励和支持产、学、研合作办学培养信息管理创新人才的制度，构建大学生研究性学习、创业引导机制等实践教学创新体系。因此，高校要积极探索信息化管理创新人才的培养理论、方法和途径，构建学生研究性学习的自我教育、自我优化、共同提高的机制，培养学生的创新思维和创业能力。

五、丰富高校学生事务管理的内容、方式和手段

（一）增加高校学生事务信息化管理的内容

我国高校学生事务管理的内容包括日常事务管理、学生成长辅导、学生生活服务等。与中国当前信息化的国情相适应，高校学生事务管理还应包括信息化教育。

学生事务管理的内容应该随着时代的不同，针对不同的学生群体适时地做出调整和变化。高校的信息化管理内容涉及大学生的学习、生活等方方面面。丰富高校学生事务的内容主要从数量和质量两方面进行扩展。首先，从内容数量上来看，不同学生对高校管理服务的不同要求制约着高校学生事务管理内容的广度和深度。高校学生事务管理内容也要与时俱进，不能故步自封。其次，学生认知发展有同化和顺应两种机制。随着信息化的发展，学生事务管理的内容逐渐增多同

样也存在同化和顺应机制，即加强对高校学生事务管理内容的整合。如果新增的信息化内容在传统的内容框架之内，则直接把它同化入原有知识体系之内；如果新增的信息化内容自成体系，则把原有的内容作出调整之后顺应新的内容体系。通过同化和顺应不断丰富学生事务管理内容，可以为建立科学高效合理的学生事务信息化管理模式打下良好的基础。

（二）丰富高校学生事务管理信息化方式和手段

在信息化背景下，以信息化管理方式和手段代替传统事务管理的方式和手段是一种必然趋势。信息化管理工作的实践必须依靠有效的信息化管理手段。这就要求我们在管理手段上进行重点创新，使管理手段适应信息化时代的发展趋势与要求。

未来的信息化的管理方式最大的特点在于管理组织机构的任务主要集中在信息的加工、制订、传播、服务和反馈等方面。这将与传统的组织管理模式完全不同。作为权威机构的管理者负责提供丰富的、有针对性的数字化信息。这种智能的定位要求管理部门必须采用先进的计算机硬件设备，同时开发符合自身特点的软件应用型系统（如基于互联网的 MIS 应用、微博、校园论坛等），通过这些系统可以实现信息化的线上线下、实时及时的信息收集、处理、协商和决策等管理服务。这种软硬件相结合、专业化的管理与职业化的理念既体现标准化理念，又有个性化内容；既有可依据的规范，又不失人本主义理念。高校学生事务信息化管理者是信息的重要提供者，信息的共享与资源的充分利用是管理的关键。信息的传播范围与面向的成员主体都应当及时进行调整。

第七章　高等教育管理的创新

第一节　高等教育管理创新的意义

一、高等教育管理创新是促使高校更好地适应高校发展形势的需要

从目前来看，高等教育所面临的国内及国际形势均处在一个深刻变革的时期，从国际环境来看，经济全球化不断深化，高等教育的开放程度越来越高，在这样的大环境之下，不管是我国国内的高等教育还是国外的高等教育事业均面临着空前的挑战和机遇。在当前的形势之下，已经有相当一部分高校开始对学生实施竞争录取，因此高校要想加强自身的竞争录取实力，就必须要加强教育管理。

从目前我国的国内形势来看，我国为了能够在日趋激烈的国际竞争中立足，在结合我国社会主义建设的实际情况的基础上，提出了建设创新型国家、构建和谐社会等战略任务。然而要想实现这一战略任务，从本质上来说需要大量的人才，这就需要高效源源不断地给各个岗位输送人才。而人才的培养又有赖于高校有效的教育管理，但是目前我国现行的高等教育管理已经无法满足创新性人才培养的要求，因此，高等教育管理创新迫在眉睫。高等教育管理创新是解决目前创新型人才培养与现行高等教育管理之间不相适应的根本所在，也是高校在当前所面临的发展形势之下所必须要进行的。

二、高等教育管理创新是促使高校更好地适应高等教育改革和自身发展的需要

高等教育自 20 世纪 90 年代改革以来，得到了空前的发展。但是随着当前高等教育的不断深化发展，高等教育一直以来沿用的教育管理已经无法适应当前形势下高校的进一步深化发展和进一步教育改革的需求。目前高校扩招已经成为了各大高校的一个普遍现象。

高校的普遍扩招促进了高等教育的大众化程度得到显著提升。在高等教育大众化程度提升的影响之下，使得能够接受高等教育的人越来越多，对于提高国民整体素质是非常有益的。但与此同时值得注意的是，伴随着高校的不断扩招，其办学规模也随之不断扩大，在这一过程中教职工的数量和学生的数量出现了激增。在高校教学规模、师生数量不断扩大的同时，高等教育管理却没有加快创新脚步，其发展速度远远不及高校教学规模、师生数量的增长速度，因此导致二者之间无法相互适应和满足。高校扩招过程中，在教学规模、师生数量增长的同时，其教育改革也是一项非常重要的工作。而在这一过程中，高校的教学改革也先教育管理创新一步，因此高等教育管理的创新势在必行。只有大力推进高等教育管理创新，才能够使高校更好地适应高等教育改革和自身发展的需求。

三、高等教育管理创新是解决以往高校教育管理中存在问题的需求

传统的高等教育管理发展至今逐渐显露出一些弊端，已无法满足目前高等教育事业发展的需求，主要表现在以下几个方面：

其一是高等教育管理的观念比较落后，这一不足之处主要体现在执行过程中，在遇到高等教育管理问题时，习惯于按照传统的经验和管理方式进行处理和解决，而不是以发展的眼光看待问题、以创新的思维解决问题。更有甚者，在遇到一些问题时，宁可采取只要不出问题就行的解决方式，也不愿意积极、大胆地进行教育管理创新，以全新的、符合时代要求的教育管理方式来解决问题。这就使得高等教育管理仅仅停留在"管"的层面上，而忽略了为教师、学生提供服务的宗旨，也没有充分地发挥高校工会等各方面的作用，民主化程度不够。

其二是高等教育管理没能形成一套完整的管理标准和管理制度，这在很大程度上也对高等教育的发展造成了阻碍。即使已经形成的一些制度也没能够根据高等教育的实际发展情况做出相应的调整和完善，这就导致高等教育管理在实施过程中缺乏相应的依据和标准，缺乏计划性和程序性，部分管理处在比较混乱的、单纯应付的状态。

其三是高校缺乏对教育管理队伍的优化配置，在绝大多数的高校中都存在着不重视高等教育管理人才队伍的建设，甚至有些高校将教育管理人员当作"闲人"对待。这种不重视，导致高校缺乏一支专业的、强有力的教育管理团队，从而影响了高校教育管理工作的开展质量和效率。

第二节　高等教育管理创新目前存在的问题

我国原有的高等教育管理体制，是一种国家集中计划、中央政府各部委和省级政府分别投资办学和直接管理的体制。这种体制形成之初，由于与计划经济体制相适应，且当时高校数量较少，矛盾并不明显。但久而久之，这种体制逐步衍化成条块分割、自成体系、封闭发展的格局，直接导致省级政府和中央部门低水平上重复设置高等学校和专业，造成教育资源配置的严重不合理，许多学校的规模效益低下，一部分新设学校或专业的教学质量得不到保证。

目前我国高等教育管理现状，无论是高等教育管理体制，还是人们的思想观念；无论是管理队伍和制度建设，还是管理方法和手段都不能适应高等教育面临的挑战，大力推进高等教育管理创新，必须抓紧解决当前高等教育管理存在的以下几个方面的问题。

一、管理理念缺失

纵观目前我国高等教育管理的现状，教育管理理念的滞后已成为教育落后的众多因素之根源。反映在：在高等教育的属性上，只承认高等教育的公益性，把高等教育当成纯粹的国家事业，从招生计划到教育管理目标、内容、方法等方面都是实行政府决定一切，忽略学校、教师、学生的主体性；在人才培养目标方面，过分强调"专业对口"，导致学生知识面不宽，使培养的人才与科技和生产发展的综合化趋势不相适应；在教育管理过程中，过于注重知识化，不注重个性和自我人格发展，忽视对学生创造力的培养；在管理工作中，不注重"以人为本，不断创新"的管理内涵，把高等教育管理当成行政管理，当成单纯对教师和学生的管理，重管理轻服务，以行政意志支配教学工作的运行，漠视教师和学生的要求；对高等教育管理的目的、任务理解肤浅，对管理和教学的密切关系认识模糊。谋事老套路，处事老经验，办事"老皇历"，不愿意接受新事物，不主动研究新情况，陈旧的管理理念保护了落后的管理方式；缺乏"人本管理"的理念，与教师、学生的沟通交流不足，不利于激发师生的教学热情和内在潜能，把高等教育管理简单地看作执行、传达、归纳、整理的技术性工作，对其管理育人职能重视不够。

二、管理组织缺失

现行的高等教育管理组织机构实行的是金字塔式的垂直良性互动关系。从政府的层面来说，一要简政放权，大力推进依法行政，加快政府职能转变，清理并减少政府行政性审批，由对高校的直接行政管理转变为主要运用立法、拨款、规划、信息服务、政策指导和必要的行政手段等对高校进行宏观管理，进一步扩大高校的办学自主权。二要积极发展民办高等教育，使办学体制多元化。充分利用社会资源发展民办教育，形成公办教育与民办教育共同发展的格局。从高校的层面来说，一要充分发挥学术组织或学术群体在决策中的作用，积极探索使决策科学化的有效形式。二要建立起行政权力与学术权力有机结合的二元结构及其运行机制。三要进一步推进管理重心下移，使分权和授权成为可能和现实，既减轻高层管理者的工作负担，增加高等教育管理中重大决策成功的可能性，又增强基层管理者的积极性、主动性和创新性。

三、管理制度缺失

管理制度缺失主要体现在两个层面，从管理制度的内在特性角度来说，一方面，管理制度应充分体现自律和他律的结合，能够最大限度地调动管理主体的积极性和创造性，而现实情况是管理制度往往是上级主管部门旨意的复制品，教育主管部门是高等学校各种规章制度的"制造厂""加工厂"，脱离各层级管理实体的实际。另一方面，管理制度建设本应是一个动态的过程，而现实状况是管理制度的制定者与制度的实施者分离，管理制度的建设缺少制定者与实施者之间的良性互动机制。教育管理体制僵化主要表现在：一是高等教育管理机构大多比照政府的行政模式设置，运行机制也类似于政府部门，按照政府部门的指示和要求规划人才培养目标。二是办学目标上没有摆脱精英教育的思想束缚，无论是研究型大学、教研型大学还是教学型大学、应用型大学都追求规模大、专业全，课程体系、教学内容的设计没有考虑高校自身的实际情况，人才培养模式千校一面。三是管理制度过于刚性，对教师教学计划、课程安排、教学方式、考核要求等管理统一性、指令性有余，个性化、自主化不足。四是教学管理的评价指标和评价标准陈旧，缺乏对教师教学创新和学生学习创新的激励，教育教学效率低。

四、管理队伍缺失

管理队伍是管理的主体，其政治素质、知识水平和科学管理能力的高低，对于高等教育的发展起着举足轻重的作用。目前，管理队伍建设缺失主要表现在：一是用人机制不完善。在教育管理活动的实施过程中，由于缺乏较为完善的用人机制和淘汰机制，管理主体往往能级不符，能人提不上来，庸人沉不下去，加上对管理队伍的重视不够，降格以求，导致了冗员堆积，严重制约了管理主体潜能的发挥。二是管理思维陈旧。由于长期以来，把高等教育管理单纯地作为行政管理工作，工作人员遵循"行政服从，执行照办"的工作方法，这从根本上扼制了管理人员的创新意识。三是重使用轻培养提高。尽管目前已注重把懂教育善管理的优秀人才选拔和充实到管理岗位上，但往往忽略了对现有管理人员的文化素质和创新能力的提高，导致了管理队伍的整体素质不高，管理工作水平偏低。

五、管理方法落后

在高等教育管理方法上，缺乏系统的理论指导，形式和手段单一落后。习惯凭传统经验发布各种指令，管理中见物不见人，机械地依靠各种所谓规范化、标准化的规章制度实施管理，忽视人在教育管理中的主体地位，没有充分发挥专家和教师在学校管理中的主人翁作用。

第三节　高等教育管理创新在当前经济时代下面临的挑战

有人说，新经济是以科技为燃料，以创业精神和创新为动力的经济。对高等教育而言，目前的经济时代所直面的挑战来自两个方面。一方面，社会经济的可持续发展对高等教育提出了新的发展要求。另一方面，高等教育产业内部包括高等教育管理在内的诸多环节出现现实的、必然的变革要求。而后者正是本文重点探讨的问题。

笔者认为，在目前的经济时代下，高等教育管理面临的挑战主要表现在以下几个方面。

第一，经济全球化进程加快，随着西方教育的进入和我国文化服务业的逐步开放，我国高等学校的政治思想教育面临着严峻的考验。而高等教育政治功能的实现，高等教育目的的达成，甚至高等教育事业的成败得失都要求高等教育管理者必须在如何行之有效地进行政治思想教育问题上交出一份满意的答卷。

第二，在追求最佳社会效益与经济效益的过程中，如何根据市场的供需状况，科学、合理地配置有限的高等教育资源是高等教育管理面临的重大课题。

第三，目前经济时代是竞争的时代，但不排除合作。因此，目前经济时代高等教育人才培养目标的确立，应着重体现对学生国际理解、竞争和合作意识的培养。如何使学生在继承传统文化的同时，注重吸收多元文化是高等教育管理必须深思的问题。

第四，目前经济时代知识更新的速度给人以始料未及之感，这给高等学校在教学管理实践中提出了新的问题。教学管理的改革绝不仅意味着教学内容的更新，更应注重教学的整体育人功能的发挥和适应社会、经济发展的能力的增强。

第五，目前经济时代对高等学校的师资队伍建设提出了更高的目标。随着高等教育诸要素的变化，尤其是人才需求状况、教学内容、教学手段等的变化，师资队伍建设过程中不仅要处理好教师的培训问题，更要以新的理念建立一支从规模到结构，从形式到内在素质，甚至薪酬管理体系都有别于目前的师资队伍管理的模式，这是师资管理的难点。

第六，与国际接轨，建立并健全高等教育质量认证制度，建立多元化的高等教育质量评估体系势在必行。当前的经济时代，高等教育专门人才确立了新的就业观，迫切希望在同一起跑线上公平竞争。如何进行高等教育质量管理绝非纸上谈兵。

总之，高等教育管理无论形式还是内容，在当前经济时代都会有新的挑战。如何应对这些挑战，除了政策导向起作用外，高等教育管理创新是必然的选择。

第四节　高等教育管理创新的现实呼唤必要性

当今世界，高等教育的发展异常迅猛，高等教育思想、教育体制、教育内容、教育手段等无不在发生着深刻而巨大的变化。我国高等教育事业要快速、健康持续发展，永葆生机和活力，关键就在于不断推进高等教育管理创新。管理实践也表明，没有管理的创新，也就没有管理目标的实现。加强高等教育管理的创新和实践探索，是实现我国高等教育振兴的必然要求和现实需要。

一、市场经济的完善要求高等教育管理创新

高等教育管理思想是建立在计划经济体制基础上的，人们往往把学校管理与一般行政组织和经济组织等同起来，习惯于用行政方式来管理学校事务，形成了以行政约束为主导的管理机制，以至于行政权力过于膨胀，学术权力弱化。随着市场经济的不断完善，一元的高等教育体制逐渐被打破，教育行政部门开始转变职能，向高等学校下放权力，国家对高等学校的管理由微观管理转向宏观指导，由单纯行政管理转向市场调节和法治管理。高等教育管理要想摆脱计划经济的思维模式，就必须主动适应社会主义市场经济，不断创新。

二、知识经济的发展呼唤高等教育管理创新

知识经济的发展取决于高等教育的发展，更赋予了高等教育新的使命。知识经济的发展对传统的高等教育理论提出了挑战，要求它在转变教育观念及思维方式的基础上，实现体制创新、管理创新、技术创新，在遵循高等教育规律的前提下实现高等教育规律与市场作用的有机结合，并与之同步。同时，与知识经济相适应的高等教育，必须是具有自身内在活力机制的高等教育，必须是多种办学模式并存的高等教育，必须是优化资源配置、走内涵发展道路的高等教育。因此，高等教育应当根据经济社会发展的内在要求，选择具体的发展战略和具有特色的教育发展模式，并以此作为高等教育管理改革的根本依据。可见，高等教育管理要适应知识经济的发展，创新是其必然的选择。

三、高等教育大众化需要高等教育管理创新

高等教育大众化必须以保证教育质量为前提，人才质量是学校教育价值最终的和具体的体现。影响人才质量最主要、最直接的因素就是学校的教学质量。而规模与质量是高等教育在发展过程中必须面对且必须处理好的问题，没有质量的教育规模再大也毫无意义，反而是巨大的浪费，只讲质量不讲规模的教育，效益

必然不高，也很难持续发展。因此，随着高等教育从精英化走向大众化，高等教育无论是管理思想、管理观念，还是具体的管理体制和管理运行方式，都必须进行调整，甚至要有一个重新定位、重新构建的过程。这就要求高等教育完善管理制度，加强管理创新，在保证质量的前提下，立足于最大限度地满足公众的高等教育需求，以适应高等教育大众化的要求。

四、高等教育国际化促使高等教育管理创新

中国加入 WTO 后，高等教育进入了国际化的时代。一方面，加入 WTO 后，高等教育服务的国际贸易竞争将会加剧，高等学校是否具有国际竞争力将成为衡量一所高等学校的重要标准。另一方面，加入 WTO 后，高等教育将在各个方面面临深层次、多角度的开放，国外发达国家的办学理念、管理思想、充足的办学资金、先进的教学内容和教学方法等将像潮水般地大量涌入，国外高等教育机构也会随之向我国提供更多服务，这对我国高等教育发展既是机遇更是挑战。因此，高等教育管理必须加以创新，积极应对高等教育国际化所带来的强烈挑战。

五、高等教育法制化要求高等教育管理创新

全面推进依法治校，是保障高等教育优先发展战略地位，实施科教兴国的重要战略举措。随着高校办学自主权的落实和现代大学制度的建立，政府对大学的管理将更宏观，加强政府的宏观调控，强调高校自主办学，关键就是依法治教、依法管理。这些年，我国大力推进依法行政和依法治教，加快政府职能转变，高等教育依法行政和教育法制建设得到了显著加强。尤其是加入 WTO 后，我国高等教育将进入整个世界高等教育的大范畴内，由政策性的开放转为制度性的开放，高等教育法制化成为更加迫切的现实需求和选择。随着高等教育的逐步法制化，高等教育管理必须走创新之路。

六、信息技术快速发展推动高等教育管理创新

随着信息技术的快速发展，计算机信息系统不仅作为信息的储存、加工处理与传输工具，而且在建立科学的决策机制、优化资源配置和组织机构、提高人员素质等高等教育管理活动中扮演重要角色。对于高等教育来说，信息技术的快速发展，将使整个教育结构呈现出完全不同的面貌。现代信息技术是加速高等教育发展的"特别快车"，实现教育传播和教育管理手段的革命性跃进，它给高等教育管理创新带来了独特的优势和不可能替代的作用，它的广泛应用要求高等教育管理必须不断创新并与之相适应。

七、高等教育的特殊性要求高等教育管理创新

自著名经济学家舒尔茨等人创立人力资本理论后，教育资源作为人力资本投资，已被列为产业性投资。教育是全局性的、主导性的基础产业的观点已在世界范围取得共识。高等教育生产的是有巨大外部效应的准公共产品，即它不仅对受教育的学生有效益，而且对国家和全社会都有效益。这一特征使得高等教育又有公益事业的特性，因而不能以营利为目的；但高等教育又为经济建设和社会发展培养高级人才，不可能完全由国家财政包办。基于此，在社会主义市场经济体制下，把高等教育作为一个特殊产业来开发，在一些院校和领域采取某些市场机制和企业经营机制，如重视产、供、销衔接，重视投入产出，讲求效益，在财政和人事制度上运用适当的竞争机制等，对高等学校的发展是十分必要的。

第五节　高等教育管理创新的重点内容

随着 21 世纪的到来，我国高等教育的改革也正在向更深层次推进，大量的改革和不断出现的新情况、新问题给管理工作提出了诸多挑战，如何适应和服务于高等教育改革的需要，就是高等教育管理寻求创新的突破口。高等教育管理创新

从形式上看是多样的，从内容上看，同样多姿多彩。而事实上，高等教育管理创新任何一种表现形式和具体内容，绝不是孤立的。高等教育管理的任何创新都基于国家政策的宏观指导、管理者对高等教育发展现状的客观判断以及对未来发展趋势的科学预测。因而，高等教育管理创新是一个开放的体系。管理创新从形式到内容都要在这一体系中通盘考虑，以达到创新的初衷。笔者认为，高等教育管理创新体系应由下列内容组成。

一、创新教育观念

高等教育事业的改革与发展离不开代表时代精神的教育观念。高等教育事业发展总是离不开观念的创新。高等教育发展战略规划、办学理念等都是观念创新的范畴。只有观念创新，才能管理创新。我国高等教育要与新形势相适应，就必须解放思想，与时俱进，创新教育观念，尽快确立与 21 世纪我国经济与社会发展需要相适应的教育观。一是树立全面、协调、可持续发展的科学观；二是确立"法治"与"德治"并举的观念；三是确立高等教育国际化的观念。

二、革新管理体制

就高等教育而言，众多高等学校都面临着非常紧迫的制度创新问题。与传统经济体制相适应的高等教育管理制度虽得到改革，但管理制度的改革深度及广度远未达到适应高等教育事业发展的要求。政府和高校是高等教育管理的两个主体，两者之间要建立良性互动关系。从政府层面来说，一要简政放权，大力推进依法行政，加快政府职能转变，清理并减少政府行政性审批，由对高校的直接行政管理转变为主要运用立法、拨款、规划、信息服务、政策指导和必要的行政手段等对高校进行宏观管理，进一步扩大高校的办学自主权。二要积极发展民办高等教育，使办学体制多元化。充分利用社会资源发展民办教育，形成公办教育与民办教育共同发展的格局。从高校层面来说，一要充分发挥学术组织或学术群体在决策中的作用，积极探索各种使决策科学化的有效形式。二要建立起行政权力与学术权力有机结合的二元结构及其运行机制。三要进一步推进管理重心下移，使分权和授权成为可能和现实，既减轻高层管理者的工作负担，增加高等教育管理中重大决策成功的可能性，又增强基层管理者的积极性、主动性和创新性。

三、坚持"以学生为本"

随着社会和时代的发展，管理的要素日益增多，但管理的第一要素或核心要素不仅没有变，而且越发突显，这就是"人"这个要素。在管理理论和实践的发展中，伴随着对人的本性的研究和对人力资源的探究，"以人为本"的理念增加了越来越丰富的内涵，这就是要唤醒人的主体意识，重视人的价值，发挥人的潜能，激发人的智慧，提升人的素质，促进人的全面发展。高等教育管理的主体、管理的客体、管理的目的都是人，高等教育所承担的是培养社会主义事业接班人的任务，其在以"人"为"本"的主体取向上出现了二元复合主体——教师与学生。因此，高等教育管理始终要坚持以人为本，这就是：办学"以教师为本"，教学"以学生为本"，将管理与服务、管理与育人紧密结合。

四、实行人才战略

要应对日益激烈的国际竞争，就必须极大地增强科技和教育的推动作用，极大地加快人力资源特别是人才资源的开发和利用，极大地增强我国在国际上的人才竞争优势。一方面，要通过制定和实施人才的引进、使用、培养、储备规划，加大智力投资，完善激励措施，营造优秀人才健康成长的社会和制度环境，建设一个既满足现实工作需要又满足持续发展需要的人才库，扩大我国人才储备数量，防止和减少我国高级专业人才流失。另一方面，要树立国际化意识，加强与世界各国的交流与合作，瞄准国际市场开发人才，采取各种形式吸收、引进和利用海外优秀人才。与此同时，在管理中要加强人力资源的能力建设，激活人的智能，最大限度地发挥人的能力，在用人原则上强调德才兼备，建立竞争上岗的优胜劣汰机制，真正做到能者上、庸者下，建立一种各尽所能的能级运行机制。

五、提高质量与效益

提高教育质量和办学效益始终是高等教育改革的根本目的，是加强高等教育管理的首要任务，是高等教育可持续发展的重要目标。首先，要树立新的质量观，形成科学的教育质量新标准。其次，要深化教育教学改革，推动高等教育的培养模式、课程体系、教学内容和教学方法的改革与创新，利用新的方法和技术，提高教育质量。最后，要注重用人效益和经济效益。

六、推进科学管理

高等教育传统的管理手段与方法与当前的经济时代的要求相距甚远，高等教育领域出现的诸多新生事物从客观上要求对高等教育管理手段及方法进行创新，这就要求必须对高等教育进行科学的管理。

高等教育的科学管理是指高等教育的各项管理工作都要符合管理科学和教育科学的特点和规律，使管理工作制度化、秩序化、规范化、民主化和效益化。在高等教育的管理过程中，要全面推进依法治校的战略对策，建立科学合理的教育法规体系，不断加大高等教育立法的工作力度，深入开展高等教育普法工作，切实加强高等教育行政执法与监督；要实现高等教育民主化管理，完善教职工代表大会制度和政务公开制度，加强学生自我管理，加快高等教育管理民主化建设进程，保证高校的师生员工参与学校管理，尤其是参与各项重大问题的决策，真正实现高等教育决策的民主化和科学化，实现民主管理的制度化、全面化和经常化；要创新管理手段及方法，重视各种预测方法、风险决策方法、数学模型以及计算机网络的开发利用，建设高等教育管理的新平台，促进高等教育管理手段的现代化、科学化。

总之，高等教育的创新管理在管理创新中占据着重要的位置，创新管理主要是要求在管理实践中实施战略管理与知识管理。即在继承人本管理思想的同时，结合当前经济时代的高等教育发展特点予以创新。高等教育管理创新体系涵盖面很广，创新体系的内容繁复多样，这需要在管理实践中不断总结。

第六节　高等教育管理创新的具体措施

管理既是一门科学，也是一门艺术。纵览全球经济、社会、文化的发展历史，管理的灵魂在于创新。高等教育管理的对象涉及人、财、物诸多因素，科学化的高等教育管理其主旨是使诸要素优化整合，其表现是使高等教育达到最佳的社会效益与经济效益。从某种意义上说，管理创新是高等教育科学化管理之魂。

管理创新是指创造一种新的更有效的资源整合模式，这种模式既可以是新的有效资源整合以达到目标与责任的全过程式管理，也可以是新的具体的资源整合及目标制定等方面的细节管理。对高等教育管理创新而言，其具体表现形式可能为：（1）提出一种新的适应形势的战略规划，这种规划具有充分的可行性，这是管理创新的一种形式；（2）创立一个新的管理机构，而这一机构确能使高等教育活动有序展开，有效运转，这也是一种创新；（3）提出一种新的具体的管理方法或方式，这种方法、方式确能有效地整合高等教育资源，从而达到发展的目的；（4）针对高等教育的发展实际，设计一种新的管理模式，提出实现目标的管理机制，使高等教育总体资源有效配置，而这种模式具有普遍指导意义，是一种创新；（5）管理制度的创新，高等教育管理制度是高等教育资源整合行为的规范，任何行之有效的管理制度的创新都是管理创新的内容之一。

一、坚持与时俱进，积极进行高等教育管理理念的创新

现代高等教育的发展以教育思想的突破和革新作为先导，创新高等教育管理理念是提高高等教育管理效率和管理质量的关键所在。推进高等教育管理创新，能正确处理传统管理与创新管理的关系。传统管理包括现行的基础管理，永远是高等教育管理的重要内容，是高等教育管理创新的出发点。管理创新是高等教育基础管理的最终归宿点，也即基础管理是高等教育管理创新的客观基础。而管理创新则丰富和扩大了基础管理的内容，从而对基础管理提出更高更严的要求，其

至规范其发展的方向，因为管理创新实际上是管理实践过程的产物，是社会历史发展的必然结果。

一是要明确高等教育管理与政府行政管理的根本区别，理解高等教育管理的特有内涵，掌握高等教育管理的一般规律，将高校教育功能重新定位，使高等教育适应社会政治、经济、文化发展需要。二是要树立服务意识，关心师生员工在情感与物质上的合理要求，全心全意为教学、科研做好"保障性"工作，实现高校内部不同要素之间的和谐发展。三是要贯彻"人本主义"教育管理思想，坚持以人为尊、以人为重的人本主义价值取向，体现平等民主精神，尊重师生员工的个性差异、思想认识差异、生活方式与行为习惯差异。四是正确领悟高等教育管理工作的本质属性，营造生动活泼、积极向上、充满活力的大学校园环境，把管理育人、服务育人作为每个高等教育管理工作者的神圣职责。

要想推进高等教育管理创新，首先需积极进行高等教育管理理念的创新，高校必须将创新教育管理与培养创新人才作为办学的宗旨，以观念创新为导向，以制度创新为保障，以教学内容和教学方法改革为核心，以培养学生实践能力和创新精神为重点，坚持与时俱进，不断推进新高等教育管理的创新。高等教育管理的创新有赖于高等教育管理理念的创新，只有保持高等教育管理理念的先进性，与时俱进，才能够为高等教育教学改革注入新的活力。

为此，高等院校在办学过程中，要明确办学指导思想，明确学校发展定位，强化自身办学特色，树立新的发展观念，确定新的教育思想，以此来推动高校教学的发展。在这一过程中，高校要紧密结合当前我国高等教育大众化的背景，结合学校的发展实际，围绕"办一所什么样的大学和怎样办好这所大学"两大命题明确今后的办学指导思想、学校定位、办学思路和人才培养模式，进一步强化学校的办学特色，实现高校的健康可持续发展。为了更好地适应我国市场经济和知识经济时代发展的需求，高等教育管理必须积极进行教育管理理念的创新，树立发展的教育观，主动深入社会进行广泛、科学的调查，及时发现问题、解决问题，从而使高等教育在国家创新体系中起到其应有的作用。

二、坚持改革理念，有效推进高等教育管理制度的创新

长期以来，高等教育管理体制的局限性，使公众的高等教育需求得不到满足，高等教育管理创新的过程，实际上是依托新的教育方式（如远程网络教育等）、新的教育理念（如素质教育、终身教育等）满足公众高等教育的需求的过程。

高等教育管理的创新关键在于建立一套合适的，符合高等教育发展需求的教育管理制度。在这一过程中，高等教育管理工作者需通过分析总结，对教育管理工作中所遇到的各项情况、问题，积极地制定出新的教育管理制度，从而保证高等教育管理工作能够做到有据可循、有法可依。高等教育管理制度的创新不仅仅是实现教育管理现代化、法制化的重要标志，同时也是提高教育管理工作效率的重要手段。由此可见，要想推进高等教育管理的创新，首先要进行高等教育管理制度的创新。

高等教育管理体制创新是高校制度性改革的落脚点，是由传统高等教育管理模式向现代新型高等教育管理模式转变的根本性标志。高等教育管理制度的创新，需从以下几个方面入手：其一是必须要坚持"以人为本"的理念，在此基础上制定出融"情、理、法"为一体的高等教育管理制度，设计充满智慧与扩张力的组织架构体系，形成具有以正确的价值观为核心的团队精神，创造既团结互助又适度竞争的工作氛围，建立有利于创新人才成长的、富有人性化的教育管理制度，在教学计划、课程安排、教学和考核方式等环节给教师以充分的自主权，以科学而灵活的教学评价指标检验教育教学工作，激励教师的教学创新和学生的学习创新。其二是要摆脱计划经济时代遗留下来的政府行政管理机构设置模式和运行方式的束缚。按现代高等教育发展需要设置教育管理机构，确定运行方式。切实推动"党委领导、校长行政、教授治学、民主管理"的高校管理体制的建立和完善，保障专家学者在相关学术事务中的决策参与。根据目前我国高等教育所具备的特征，不断完善教育管理制度系统，并积极促使教育管理机构设置朝着科学化和高效化发展，坚持"洋为中用"，这是建立具有中国特色的高等教育管理创新模式之根本。其三是要积极地完善高等教育管理的监督约束制度，只有具备了一套完

善的、强有力的监督约束制度，才能够有效地规范高等教育管理行为，促使其进入制度化的轨道。结合本校办学实力和学生情况，定位学校发展方向和发展目标，根据社会的人才需要确定人才培养总体规划，设计专业和课程，突出人才的培养特色。其四是积极完善高等教育管理资源的优化配置，坚持"古为今用"，这是建立具有中国特色的高等教育管理创新模式之源。以制度创新为依托，将高等教育管理资源进行积极地调动、组织、协调，从而显著提高高等教育管理资源的配置效率，促使高等教育管理工作得以高效、高质地开展。其五是建立更为高效、充满活力的教育管理机制，适当降低教育管理重心，发挥院系的管理主动性，实现学校教育管理体制创新和学校内部管理体制改革的有机融合。

对于高等教育管理来说，发展到如今，实现依法治教、依法治校已经是必然的趋势，因此高度重视高等教育管理制度的创新、改革，是高等教育管理工作有效实施的保障，同时也是提高高等教育管理工作效率的重要保障。

三、坚持管理方法创新，加大创新人才培养力度

要想实现教育管理方法的创新，首先要对目前实行的管理方法所具备的优势和不足进行分析总结；其次在结合教育系统的特点上，选择合理的现代社会管理技术加以调整之后，融入并应用到现代教育系统中。只有这样才能够实现教育管理方法的创新，为培养创新性人才提供有力的保障。

因此，只有始终坚持进行高等教育管理方法的创新，加大创新人才的培养力度，才能够为社会输送更多的具有较强的创新能力的人才。而有效实现高等教育管理方法的创新，需从以下两个方面入手：一方面要对目前实行的管理方法进行综合分析；另一方面管理方法要结合实际的组织架构、制度和管理观念，使其相互融合，达到信息化时代的标准。例如网上招生，完全利用互联网，实现网上招生的计划，不但方便行政主管部门的监管和社会各界的监督，而且能够方便考生搜索查询，无论是在人力和物力上，都能减少高校的招生成本。

很多新的教育管理方法都是在不断地对已有的管理方法进行创新和整合下产

生的。例如，在 20 世纪 90 年代，西方发达国家为了加强培养学生的创新意识和能力，引进了教育全面质量管理，其核心是把学生在学校教育中视为主要消费者，不仅要尊重学生在学校教育中的权益，而且要把学生放在管理体系中最为重要的位置，从而实现对学生进行创新意识和创新能力的培养。通过实践证明，项目管理和目标管理在教育管理的领域，同样是成效显著的管理方法。随着时间的发展，管理创新在高等教育的发展中作用凸显，只有不断地创新管理方法，才能保持高等教育的活力，源源不断地培养出具有创新意识和创新能力的人才。

高等教育管理方法必须与时俱进，以提高效率为主旨。一是在落实教育管理目标的过程中，更多地从教师和学生的角度出发思考问题，尊重师生员工在教育管理中的主体地位，采用灵活多变的方法和形式，调动学校全体成员的创造性和主观能动性。二是利用现代信息处理技术，构建基于互联网的教育管理信息平台，实现教育管理信息资源的共享，提高管理和服务工作的效率和水平。三是引入 ISO9001 质量管理体系，参照制定高等教育管理的各项目标要求，以高等教育管理的标准化更好地服务于教师的教学科研和学生的成才创业，增强高校的适应力和竞争力。四是充分发挥工会组织在高等教育管理中的沟通与纽带作用，及时了解高校教职工的愿望和利益诉求，推动高等教育管理的民主化进程。

四、创新人才培养模式

高等教育管理创新的最终目的是为社会培育更多优秀人才，人才培养模式创新是实现这一目的的最直接要素。一要根据社会对高素质人才的要求，从改善学生的知识和能力结构入手，在学科设置综合化、专业设置宽口径、课程设置实用化三个层面开展创新联动，为学生的未来职业发展构建更为优质的学习环境和教育平台。二要制定较为灵活的、弹性化教学管理制度，落实学分制和选课制，使不同兴趣和特长的学生在选择专业、选修课程上有更大的自由度。三要改变重理论轻实践、重知识轻技能的教学弊端，强化学生动手实践能力、创新意识和创新能力的培养，重视学生的就业与创业教育，帮助学生顺利地完成社会化角色的转变，提高学生的社会适应性。四要完善涵盖学生思想品德、学习成绩、身心素质、个人特长等方面的考核评价机制，为学生的自我发展和社会的选人、用人提供科学的导向。

五、结合新经济时代需求加强高等教育的管理创新

以科技为燃料，以创业精神和创新为动力的新经济时代，决定了我国高等教育管理创新的若干思路。在此情况下，论意义、谈利弊固然重要，但如何避险求强，通过管理创新推进我国高等教育事业发展才是重中之重。笔者认为，新经济时代，我国高等教育管理创新应着重考虑以下方面：（1）管理创新，其最终表现应为管理适应性的提高。管理适应性的提高是管理有效的具体表现。新经济时代高等教育管理创新必须以提高适应性为基本目的，我国高等教育事业发展的道路选择、事业发展规划、办学理念的创新均要以此为前提与归宿。（2）当今社会知识更新的速率很大，知识生长是一个变量，单靠传统的增加学时的方式，即用保持课程时数常量的办法来适应知识生长这一变量的要求将变为千年死结。因此，更新课程内容、突破课程时数的常规，以培养学生创新能力为目的的自助式活动课程和研究性课程以及各门课程中注重学生创新精神的培养将成为贯穿高等教育教学计划全过程中的永恒法则。（3）新经济时代高等学校师资队伍的建设与管理的目标、机制与模式都要创新。师资队伍的建设与管理从来就是高等教育管理的重要内容。新经济时代使教师"传业、授道、解惑"的内涵更加广泛。笔者认为，新经济时代的师资队伍管理必须引入现代人力资源管理理论，从更高的层次、更深的广度创新师资队伍管理的形式与内容。

第七节　高等教育管理创新路径

一、以信息技术为依托的高等教育管理创新路径

随着我国高等教育改革的不断深入,各高校正处在快速发展的重大转型时期,高校教育管理在外部环境发生巨大变化的过程中要维持正常、良好的运行状态,就要求作为其组织性、协调性力量的教育管理作出相应的变革。在信息化时代到来之际,作为支持和服务教育事业的管理活动,其自身的现代化建设已成为摆在我们面前非常迫切的任务。

(一) 信息化对高等教育管理创新的影响

随着信息技术革命的发展,计算机信息系统不仅作为信息的储存、加工处理与传输的工具,而且在建立科学的决策机制,优化资源配置和组织结构、提高人员素质等高校管理活动中扮演着重要的角色。信息化给高等教育管理创新带来的独特优势和不可能替代的作用,具体体现在以下几个方面。

1. 优化资源配置

高校管理工作中的教务、人事、科研等各个环节都需要采集、处理数据。在信息化时代,采集、处理一次数据,就能做到全校各部门共享数据资源。校园网可以提供所有 Internet 服务,同时具有支持信息发布、MIS 系统、图书情报系统、视频会议、网络教学平台等功能。计算机信息网络正在逐步实现无纸化办公,通过使用新信息技术手段,不仅能够节省大量的人力、物力,而且可以全面提高工作质量和工作效率。

2. 改善组织结构

现行高校的组织结构一般以金字塔型为主,容易造成组织结构分工过细,管理幅度过小,从而造成组织层次重叠,降低工作效率。在信息化时代,信息的使

用价值大大提高，组织结构呈扁平化趋势，增强组织活力是必要而可行的。采用扁平的组织结构，取消一些中间层，相关部处合署办公，决策层和执行层之间的信息传递会更快捷，从而加大管理幅度和力度；管理部门之间通过信息传递交互，保证了政令畅通。尤其对于当前我国一些合并的高校，其校区分布较分散，更加需要利用信息化的优势来强化管理、提高效益，以达到实质性融合的目的。

3. 促进领导决策的科学化

教育管理信息系统通过网络能够及时、准确地为领导提供大量的基础数据。通过实施办公自动化系统，在网上设立"领导参阅"栏目，可以在第一时间，快速准确地反映学校发生的各种事件及国内外的相关信息，既采用权限设置的方法防止泄密，又可以使校领导能够迅速作出批示，及时处理有关问题。同时，工作人员还可以根据决策的需要进行各种信息的采集工作，通过统计、分析和处理数据，为校领导提供决策依据。

4. 推进校务公开

把招生就业信息、财务收费标准、物质采购招标、人才引进、教学组织、会议通知、重大活动安排、校领导接待日等事项，凡不涉及学校保密性质和影响稳定的校务均可在校园网上公开，这样可以加强信息沟通，明确工作程序，增强办事透明度，达到强化监督的目的。既使行政管理的权力使用置于广大群众的监督之下，又可以实现对内部管理的严格控制，养成严谨务实的工作作风。

5. 提高管理人员的素质

信息化时代使计算机管理和教育管理工作紧密结合在一起，对管理人员产生极大的冲击。随着计算机技术在高校管理中的更加广泛、深入地应用，管理人员自身计算机操作水平不断提高，管理观念也会逐渐转变，自身的管理能力也会相应提高。

（二）信息化时代高等教育管理创新的内涵

信息化时代的高等教育管理创新，是以信息技术的软硬件为技术基础，以高校现行管理为依托进行的一项综合的系统工程。高校适应信息化时代的创新是多维的，主要包括管理思想和理念的创新、管理组织形式的创新、管理人才资源创新以及管理办法的创新等多方面的内容。从管理的职能上看，在决策、组织、控制和协调诸方面都有所创新；从管理的过程来看，计划、实施、检查、总结等环节都应创新；从高校每个特定的管理岗位和所涉及的管理事务来看，都有可能在其工作范围内进行创新。

1. 管理观念创新

管理观念的创新是所有创新的前提。观念的创新需要一个由量变到质变的认识过程。教育信息中的理论性信息就是观念创新的催化剂，也可以说高教改革深化正是通过信息的作用，首先在人们头脑中起步的。它既是一种创新的管理思想，又是一种倡导管理创新的思想，强调知识和数据的共享，运用集体的智慧提高应变和创新能力。高校利用信息不是机械照搬或简单模仿，而是将这些信息进行分类整理、消化吸收，吸取各校的精华，达到观点上的质变，结合学校实际创造自己的特色模式，做到全局在胸，融汇百家，独树一帜。

2. 组织形式创新

随着信息技术的发展，高校自身组织结构呈现出扁平化趋势。一些高校实行院系目标管理责任制和经费总额动态包干，充分放权，降低了管理重心，调动了院系办学积极性，取得了较好的效果。正是纵横交错的信息渠道使得扁平化组织结构成为可能。这样就大大促进了高等教育对社会、对市场的反应速度和应变能力。

3. 管理制度创新

管理的技术化与信息化呼唤新的管理模式和领导风格。信息化时代的管理是一种围绕工作目标进行的信息交流和目标管理，这种交流活动使管理系统和技术系统真正地合二为一，这必将对管理者的素质提出新的要求，同时带动管理人员的结构发生变化。在信息化时代，一些高校管理人员人数偏多且素质偏低的不足暴露无疑，主要表现为缺乏活力、人浮于事，整个学校活力不足。只有在管理制度上创新，减员增效，充分调动管理人员的积极性，高等教育发展才能适应信息化时代的要求。

4. 管理方法的创新

管理方法是使管理工作落在实处的重要环节。因此，一定要对现行的管理方法进行充分分析，根据创新的管理观念、组织结构和制度对管理方法进行整合和创新，使之符合信息化时代的要求。如网上招录新生，各高校足不出户，便可完成招生任务，一方面便于教育行政主管部门监控，另一方面可以主动接受社会各界监督和方便考生查询，同时也为高校节省了大量的人力、物力和财力。

（三）信息化时代实现高等教育管理创新的途径

信息化时代实现高等教育管理创新直接体现在推进教育管理信息化的进程中，其信息化的推进过程就是其内涵不断深化和充分表现的过程。

1. 建立配套的信息化管理投入机制

高等教育管理信息化既是持续、完整的发展过程，又是需要分阶段、分步骤加以实施的动态管理过程，其投入也应该是持续性的。这就要求我们为迎接信息化时代的到来，建立相对稳定的投入机制。首先，高校要有计划地增加信息化管理资金的增量投入，要根据管理工作的实际需要，装备好高速打印机、扫描仪、数码像机等先进设备，为信息的快速采集、深层次处理加工奠定基础。此外，高校要加大对优秀管理人才的资金投入，创造良好的环境和氛围，以吸引高素质人员从事管理工作。两者结合，才能促进高等学校自身的持续稳定发展，不断提升信息化管理水平，这也是促进高校管理创新进程的动力源之一。

2. 健全 CIO（Chief Information Office）负责的管理机制

将学校内部体制改革与信息化建设联系起来，有计划、有步骤地推行管理创新，选拔一批有创新意识的人才进入管理队伍。尤其要在各领导层设立具有创新意识的信息主管（CIO）。在校领导中有明确的主管教育信息化的CIO，各级部门中有主管计算机和信息的CIO，同时还要建立一支稳定的信息队伍。目前，校园网络延伸到校园的每个角落、学校的各个单位和学校的各个方面，信息的构成也随之升级，信息管理的及时性、准确性、有效性，就必须有CIO体系来保证。只有健全了CIO管理机制，才能有意识地从高等教育管理的角度收集、分析和处理信息，并直接应用到学校的管理决策中，使 CIO 的作用由技术管理型转向战略决策型。

3. 建立灵活的管理协调机制

高等教育管理创新过程中，其管理目标、手段、方法都处于不断变革之中，这就要求其管理系统要善于自我协调、自我完善，并随时整合自身内部结构，使其保持高效、活跃的状态。管理创新的协调包括以下几个方面：一是多目标协调，要善于抓住重点，相互协调。二是内部机构的协调，包括校、院（系）两级管理机构之间的垂直协调，也包括领导者与执行者之间、领导机构与执行机构之间的协调。通过协调，使其上下之间、相互之间构成一个完整的系统，从而提高管理效率。

4. 创新信息管理系统的设计思路

以往的信息管理系统的设计思路主要是以实现某些功能为主线，实际是用网络将多个单机简单地串联起来。在实际管理过程中，我们的管理不是集中于某一局部，而是从上至下全局地考虑问题，使整个流程连贯起来，信息才能够畅通地上传下达。为更好地将高校的理念、角色和办学目标融入支持在线决策的信息系统中，需要结合学校的整体规划和实际情况，规范管理流程，使信息管理系统在管理决策中起到重要作用。

5. 完善信息服务手段

在信息化时代，学校各管理部门是信息资源的主要拥有者，也是主要提供者，学校的各种公共信息资源、教学资源、管理资源等不应只是学校或某一部门所拥有，而应向学校师生员工、社会各界提供完备的数据库和检索系统等信息服务。因此，要将学校的各类信息进行采集和加工处理、规划，最后将其数字化，以更好地向外界提供共享资源。

二、以学生为本理念下高等教育管理创新路径

21 世纪以来，中国高等教育事业飞速发展，取得了举世瞩目的成就。然而，新形势对高等教育管理提出了新的更高要求，使其面临严峻挑战，如政治色彩较

浓厚、功利主义倾向严重、产业化趋势明显等弊端亟须改变。因此，必须牢固树立笃信真理的信仰，营造崇尚真善美的学术氛围，培育会学习的良好风尚，推动以人为本的高等教育管理模式的构建。

（一）以人为本视域下高等教育管理本质的反思

高等教育是指在完成中等教育基础之上进行的专业教育，其主要有研究型大学、教学研究型大学、教学型本科院校、高等专科学校和高等职业学校五种类型。近年来，我国高等教育管理改革取得了重大进展。多种形式办学的新格局基本形成，多渠道筹资机制不断健全，高等学校入学考试改革稳步推进，高校内部管理体制改革不断深化。面对瞬息万变的国内外形势，加快树立以人为本的办学理念，弄清高等教育管理的本质，具有十分重要的意义。

一是有助于实现高等教育管理求真的目标。高等教育组织的本质，就是高等教育管理的目标。高等教育组织是学术性组织，其特征主要有知识性、艰深性、复杂性、继承性等。这几个特征皆与学术密切相关，因而高等教育组织的本性概括起来就是学术性。学术以求真为目的，求真是叩问和证实客观世界的本质。求真是学术行为的品德要求，是善的基础，有利于实现真善美的统一。高等教育管理的基础是学术性组织，而学术性组织的目标是求真。基于此逻辑，高等教育管理的目标亦是求真。

二是有助于体现高等教育促进人性发展的本质。教育的本质是育人，是为了培养人的扩展自由和实现发展的能力，是为了促进人的全面发展，而不能片面强调其社会职能。鉴于此，高等教育管理要以服务于人性塑造为目的，即培养人、教育人和改造人，其与普通管理大为不同。高等教育管理的本质在于充分发挥人的潜能，发掘人的价值，建构与发展完备人性。总之，高等院校的主旋律是育人，而非"利器"；是培养高级专门人才，而非制造高档器材。高等教育管理的本质，就是要发展完备人性，促进人的全面发展。

（二）当前我国高等教育管理面临的困境

（1）行政化色彩较浓厚

目前，我国高等教育行政化色彩浓厚，即把高校当作行政机构，片面夸大教育的行政管理功能。观察现实，高校的协调和运转过程中，占据支配地位的是行政权力。集中表现为：一是高度集中的决策。各种权力决策集中于校级行政部门，院级只有名义上的权力。二是惯于采用行政指令的方法。

高校自主性欠缺，对知识、学术和教师的重视不够，师生处于被动执行和服从。高等教育政治化，其实质是把教育异化成为现实、政治和政策服务，以致教育违背了人性的发展要求。

（2）功利主义倾向严重

当前高等教育存在功利主义倾向，即把人当作工具，片面强调外在价值，追求即时、显性功效，忽视人的本体价值、长期效益。主要表现为：一是教育过程简单化倾向。理论上，把教育简单化为只服务于社会发展，使其成为偏离主体的文凭和学历教育；实践上，把教育简单化为技术性的知识传授过程。二是教育活动的跟风化倾向。部分高校追求时髦风，如学校升格、大建学院和大造楼宇等。一些高校关系风盛行，对学生区别对待，不能保证评优、评奖的公平性。三是高校管理的形式化。部分高校过于重视定量化、程式化、模式化管理，片面强调形式的教育管理，限制师生参与高校管理的热情。

（3）产业化趋势越来越明显

高等教育能否产业化，理论界一直争论不休。但是过度的产业化趋势，必然会使高等教育迷失方向。一是盲目追逐名人效应。近年来，不少高校纷纷聘请明星大腕兼职教授。这在一定程度上使纯粹的大学精神受到挑战和质疑。二是一味迎合市场导向。当前，不少人提出高校要根据"市场"情况，及时设置"家用电器维修、家庭教师、服装设计及剪裁专业"等。这些专业可以设置在职业院校，硬要将其纳入高等教育，不能不令人担忧。总之，高等教育应保持自身的独立性，而不应以拉动经济为本质属性。纵观世界各国，尚未发现有发达国家把高等教育视为创收产业，其历史使命就是育人。

（三）构建以知识人性为核心的高等教育管理模式

（1）牢固树立笃信真理的信仰

高等教育管理的对象主要是知识人，知识人的活动须以服从真理为标准，因此，高等教育管理要以笃信真理为信仰追求。一是从科学观到道德观的升华。真理是科学活动的追求终点，而科学的求真活动会内化为人的道德素养，这种素质又会成为求知道路上的推动力。二是弘扬务实精神。"尚真"表明了如何对待学习和知识的问题，而"务实"是从观念向行动转变。蔡元培就是尚真务实的典范，提出了"思想自由、兼容并包"的办学理念。三是生命与真理并存。知识人的使命就是要追求、发现和捍卫真理，即生命与真理同在。要在学习中追求真理，在实践中发现真理，形成创造性思维。

（2）营造崇尚真善美的学术氛围

我国著名哲学家冯友兰指出："'真'是对一句话说底，'善'是对一种行为说底，美是对一种形象说底。"① 一是对真理的执着精神：坚持排除一切干扰、澄清谬误、不怕曲折，坚持探究真理、发现真知、献身科学，把对真理的崇敬之情内化为人们的内在行为品格。二是待人接物的道德标准：要做到真心诚意、孝悌仁慈、忠诚有义，坚持自律慎独、敬业乐群、齐家爱国、贵生重物，把"善"固化为稳定心理和行为倾向，养成道德自律能力。

（3）培育善于学习的良好风尚

会学习是时代发展和知识人发展的必然要求。主要表现为：主动探索性和发现式学习，体验和思考式的学习，个体性和灵活化的学习，终身性和非连续性学习，等等。

一是树立终身和自主学习理念。要转变观念，培育永恒学习的精神，使学习成为终身的行为习惯。保持积极、能动的学习心态，发掘自身学习潜能，增强自主学习能力。二是创新学习方式。"学会"只是基本目标，学习的高级阶段则是"会学"。要强化创新性学习思维，不断掌握最新知识，提高创造新知识的能力，培养更多的新时代"知识劳动者"。三是充分利用现代信息和传播技术。要创新

① 冯友兰 . 中国哲学史 上 [M]. 北京：商务印书馆，2011.

学习手段，高效获取信息，甄别信息，独立提出问题，创造性地运用信息，以科学的思维方式解决问题。

三、社会资本引导下高等教育管理的创新路径

近年来，社会资本理论已被学界拿来研究政治学、管理学、社会学、教育学等诸多领域的热点难题，取得了独特而有效的成果。那么，将社会资本引入高等教育管理领域又将取得怎样的效果呢？社会资本作为一种社会资源，在高等教育管理过程中将发挥怎样的作用呢？对高等教育管理的创新又有哪些启示呢？

（一）高等教育管理领域社会资本的引入

社会资本理论是 20 世纪 80 年代以来逐渐发展起来的一种新的分析途径，作为一种备受关注的分析工具，其强大的解释力充斥在社会的方方面面，也为人们提供了一种新的认识教育、认识高等教育机构的研究视角。目前，社会资本的研究有两个取向：一个是"个体取向"（或微观层次）的研究；另一个是"群体或社会取向"（或宏观层次）的研究。"个体取向"的社会资本理论研究强调存在于个体层面的社会资本及其作用，如布迪厄、科尔曼等都将社会资本理解为一种个人通过自己拥有的社会关系网络而获得的可以利用的资源。"群体或社会取向"的社会资本理论研究强调存在于群体或社会层面的社会资本及其作用，着重分析特定的群体或社会如何发展一定的社会资本作为公共物品以及这种公共物品怎样才有利于群体或社会的生存与发展。如普特南这样界定社会资本："社会资本指的是社会组织的特征，例如信任、规范和网络，它们能够通过推动协调的行动来提高社会的效率。"[①] 可见从社会资本的组织层面的定义出发，对贯穿高等教育中的信任、互惠规范及关系网络等社会资本进行研究，结合高等教育管理的特点，可以有针对性地解决现阶段高等教育管理中存在的一些问题，寻求全新的创新路径。

---

① 陈明明.比较现代化·市民社会·新制度主义——关于 20 世纪八九十年代中国政治研究的几个理论视角 [J].战略与管理，2001（4）：109-120.

社会资本之所以可以适用性地引入高等教育管理领域，与高等教育管理的性质密不可分。从高等教育管理的主体来看，国家或政府是第一位的，处于主动地位，高等教育机构则处于被动地位，社会或市场则或处于主动地位或处于被动地位的与高等教育机构发生关系。高等教育机构正是通过与这些主体发生直接或间接的关系嵌入这些主体的运行过程中。这种嵌入性是一种内外相结合的交叉，而不是简单地镶嵌在这些主体中的各种组织上。在交叉的过程中，高等教育机构势必会存在自身组织与其他社会组织、企业组织等的信任的交换，互惠规范的统一，合作共处网络的构建，社会资本在高等教育机构的管理行动中发挥作用。从高等教育管理的客体来看，高等教育机构作为一种组织，本身就包含公立性高等教育机构以及私人营利性高等教育机构，完全可以看作一个有机的系统，这个系统的有效运行靠的是系统内部各部分功能的有效发挥与彼此的相互配合，社会资本作为组织的一种性质和特征将不可避免参与这种协作的过程，从而推动这种协调行动，促进整个系统的高效运行。由此可见，在高等教育管理过程中为了增进目的性行动的效果，主客体间、客体内部会在微观交换中通过互动获取社会资本，而这种同质性或异质性的互动都是在整个高等教育管理系统的约束之下进行的。嵌入在社会网中的高等教育管理资源与规范增强了高等教育管理行动的效果。所以，高等教育管理领域的社会资本对高等教育管理具有非常关键的作用，从社会资本视角来分析高等教育管理，对于发现高等教育管理问题、提高管理质量有很大的帮助。

（二）社会资本引导下高等教育管理的创新探讨

1.寻求高等教育管理主体间的信任契合路径

从中国高等教育机构周围的信任来看，主要包括政治信任、社会信任与内部信任。政治信任来源于国家政府与管理机构之间，是一种权威性信任。这种权威性信任对高等教育管理有着极其重要的作用，信任度高，政府愿意放权，而且是心甘情愿地赋予性放权，高等教育的管理就有更多的机会多元化、自主化，在未来的发展道路上也才能够针对高等教育管理的现实性问题发挥自发力量；信任度低，政府宁愿独揽大权，也不舍得将实质性权力下放给其他管理主体，这样一来，政府不是独权，更不是霸权，而是出于对高等教育管理的一种担心，担心权力无能，与其浪费权力不如掌握在自己手中，这时，政府的越权倒是情理之中了。所以，要想真正地构建政治信任，高等教育管理能力是关键。社会信任存在于高等教育机构嵌入社会的这一过程中，不管是社会组织也好，企业组织也罢，其与高等教育机构发生关系都是通过信任渠道进行的，社会与市场为高等教育管理的成果提供机会和平台，高等教育管理为社会与市场提供人才与技术。可见，这是一种互利性的信任。内部信任是指高等教育管理内部高校与高校之间，高校教师之间、师生之间，人与机制之间等的信任，这种信任是一种微观的信任，在高等教育管理内部发挥着极其重要的作用，是高等教育统一协调发展的关键。所以，高等教育管理不仅是教育管理、学校管理，从深层次来看更是一种信任管理，要想真正发挥高等教育管理的优势，必须有效管理这些信任。在高等教育管理创新的道路上，要坚持走一条以政治信任为引导、内部信任为主体、社会信任为补充的信任之路，有效搭建信任的桥梁，最大限度寻求来自这三个方面的信任的契合，从而从根本上找到现阶段走出高等教育管理困境的有效之路。

2. 推崇高等教育管理体制的互惠规范路径

要真正从实处创新中国的高等教育管理，必须从外部入手寻找突破口，也就是从高等教育机构的外部约束力量与合作力量着手。从宏观角度分析，中国高等教育管理的外部约束因素主要是政府的政策法规，包括国内与国外，主要是国内的。而合作力量则处于社会与市场之中，具有非常强大的生命力。如何在这种约束性框架之下，最大限度地利用合作力量是高等教育管理体制完善与优化的关键。推动互惠规范机制便是一种非常有效的方法。在与政府的关系处理上，可以使高等教育机构与政府部门建立合作互通关系，政府为高等教育的管理提供限制性资源，促进、指导、引领其发展，高等教育机构则通过利用这些限制性资源为政府培养一些特定的人才，将这种互惠机制常态化。一旦这种常态化的机制建立起来，政府将不再怀疑高等教育管理机构，而将其管理发展情况作为自己的一个"形式性"机构予以关注与支持，从而形成高等教育机构的一种无形资源，促进高等教育管理的完善。在与社会、市场的合作上，互惠规范则显得更加重要，一种制度化体制化的"约定"比简单的"礼尚往来"更来得有效。将高等教育管理的效果与社会发展、市场繁荣密切联系在一起，不是只靠一种自然规律在潜移默化地发挥作用就可以完成的，要强化这种关系，要从硬性的规范上给予保证。

3. 构建高等教育的网络治理路径

经过一百多年的发展，中国的高等教育管理已经发展到以政府权威为中心、大学自治以及各种社会组织和公众民主参与的阶段，这样一种管理模式折射出多元主体共同参与的网络式治理结构、相互合作与互动协商的对话式伙伴关系、权力共享与责任分担的公共责任机制理念以及追求高等教育和谐发展的目标。要想充分调动多元主体的积极性，保持多元权力的良性互动，推进高等教育管理秩序的良好运行，应从政府、大学和社会三个层面来建设高等教育治理架构。所以，未来中国高等教育的管理应以政府、高等教育机构、社会等多元主体为节点，构建立体式教育网络，将高等教育机构置于一个完善而丰富的社会资源网之中，在这个网络之中，政府处在一个宏观管理、充分放权的地位，社会以及市场处在一个合作管理与高等教育机构创造双赢的位置，而高等教育机构应该穿插在政府、社会与市场之中，通过人才交流、教育合作，编织更多的教育关系网，丰富教育资源，在与多元主体的互动中更加高效地实现高等教育管理的目标。相信对中国高等教育特有社会资本的探讨，将为高等教育管理的创新注入鲜活的思想，提供独特的视角。

四、全球化时代高等教育管理的创新路径

为适应全球化的要求，中国高等教育管理的创新应该遵循以下四大方略。

（一）确立"以人为本""和而不同"的高等教育管理理念

尊重人的主体地位、促进人的发展是全球化时代各国高等教育的共同追求。中国高等教育管理要适应这一发展要求，必须实现管理理念的创新。

一是要确立"以人为本"的管理理念。坚持"以人为本"，前提是落实"以生为本"，重点是抓好"以师为先"。"以生为本"就是要把学生看成高校的生

存之本和发展之本，真正树立"一切为了学生，为了一切学生，为了学生的一切"的办学理念；就是要在管理中把促进学生的和谐发展作为一切教育活动的出发点和教育改革的立足点。在这一观念的支配下确定有利于学生发展的培养目标，建立适应学生共性与个性和谐发展的课程体系，构建多样化、有特色的人才培养模式，形成有利于学生主动参与的管理制度，建设以生为主、师生平等、教学自由的校园文化等。促进学生和谐发展的主体是教师，"以师为先"就是要认识到教师的劳动与价值，充分发挥教师的智慧和才能；就是要尊重教师的学术自由，突出教师学术权力在高校的主导地位，提高教师参与学校管理的积极性与可能性；就是要关心教师的工作和生活，提高他们的福利待遇，关心他们的前途与发展，为他们提供施展才华的机会与条件。

二是要确立"和而不同"的管理理念。所谓"和"就是以开放平和的态度对待国外的管理理念和方法，辩证分析其优势和缺点，有针对性地借鉴吸收其对中国高等教育管理水平提高有促进作用的部分，实现中西管理的优势互补和交流融通；所谓"不同"，就是在学习他人的同时不能失去自我。要在"立足本土"的基础上"拥抱世界"，博采众国之长，结合中国国情，开创具有中国特色的高等教育管理之路。例如，以效率为本的管理理念强调管理过程的科学化和标准化，对克服中国传统高等教育管理主观随意性强的缺点具有现实意义；人本主义管理理念强调个体的自主发展，强调个人对组织决策的参与，对消除中国传统高等教育管理重集体目标轻个体目标的缺陷具有重要启示；后现代教育思潮下的多元整合管理理念，强调对话、理解、交流、解释等在管理中的作用，对化解中国传统高等教育管理中集中有余、民主不足的困局也具有指导作用。同样，中国悠久文化中也蕴藏着丰富的管理智慧，值得在新形势下发扬光大。如"以德为先，以德治国"的管理思想强调道德感化，价值引导，在当前功利主义泛滥的管理现状中更彰显其现代价值；"以和为贵，中庸为道"的管理智慧对处于内、外部环境复杂多变的高校实现自我和谐仍然具有深刻的启示意义。

（二）建构"宏观调控""自主灵活"的高等教育管理体制

要适应全球化的激烈竞争，中国高等教育管理体制要进一步理顺中央政府、地方政府、高校和社会四个行为主体之间的关系。

一是要求中央政府和地方政府进一步转变职能。从中央政府看，需进一步加强科学管理，完善宏观调控，也就是调控的方式要从直接调控管理转变为间接调控管理；管理的手段要由行政干预、计划命令转为统筹管理、政策指导、组织协调、信息服务与评估监督；调控的内容主要是发展规划的制定、经费预算与统筹、教育机构的设置、各类证书与学位标准的制定、质量标准的监控等。从地方政府看，需进一步转化角色意识，强化统筹行为，提高统筹效能。随着高等教育管理体制改革的深化，地方政府已获得了较大的地方高等教育统筹权，但不能仅仅是把高校管理主体由中央变成地方，而是要从过去的"执行"角色转换为切实承担"统筹"重任的角色，优化高等教育资源配置，协调地方高等教育与地方社会经济发展的关系。

二是要落实高校法人地位，使之真正成为自主灵活的办学实体。应借鉴西方的契约理论和委托代理理论，构建政府与高校的契约关系，从法律和制度上增强和明确高校在人事管理、机构设置、学科专业设置等方面的自主权，同时引导各类高校依法制定学校章程，依据章程进行自主管理。此外要通过各种改革不断增强高校适应社会的主动性、灵活性与高效性。如通过改革考试和招生制度，健全自我选择机制；通过提高教学质量，健全自我发展机制。通过加强内部管理体制改革，健全自我激励与约束机制；要发挥社会中介组织作为政府与高校之间关系缓冲器的作用，鼓励各类教育中介组织参与高等教育的质量评估与监督，健全社会参与机制。

（三）完善"刚柔相济""内通外联"的高等教育管理制度

"刚柔相济"即严格的管理制度与宽松的管理氛围相结合。高等教育管理必须有健全的制度体系。

大学制度体系建设应着力于三个层面。在核心制度上，通过理顺大学与政府、社会的关系，使自主管理、学术管理的理念落到实处；在一般制度上，通过健全学术民主管理的组织机制，改革现行权力分配结构，强化大学运行中的学术权力；在具体制度上，建立既有分工又有协作、责任明确的大学法人制度、组织人事制度、教育与科研制度、学科建设与学术保障等制度。同时必须明确，加强制度建设不是为了约束人、管制人，而是要通过制度来解放人的思想、引导人的行为、激发人的潜能。因此在各项制度中要充分体现人文精神，制度制定要充分发扬民主，真正反映民意，制度执行要让大家心情舒畅。总之，以和谐的理念与方法关心人、激励人，使管理人性化、弹性化。

"内通外联"即国内相关管理部门在制度设计上要协调沟通，同时能与国际上的相关制度联通对接。

一方面要做好"内通"，就是涉及高等教育国际合作事务的教育、商务、外汇、外交、出入境管理等各个部门，在修订、完善各自的相关管理法规和制度时，要加强协调沟通，避免法规和制度的相互冲突。另一方面做好"外联"，就是要在维护国家教育主权的前提下，根据高等教育参与全球竞争的需要，结合国际通行原则，对相关法规、条例进行修订、完善并出台具体配套的实施办法；同时要依据国际高等教育协调组织的相关规定和标准，抓紧高等教育具体管理制度的建设，如修订学位制度以及制定境外高等教育机构来华办学资质认定标准、教学质量评估标准、学分认证与换算标准等，以实现中国高等教育法规和管理制度与国际的有效接轨。

（四）创建"信息共享""高效透明"的高等教育网络化管理模式

一是要尽快创建和完善"信息共享"的网络平台。主要对策有三：首先要落实规划。《教育信息化十年发展规划（2011—2020）》（2012年3月）已对中国教育管理的信息化建设作出了总体部署，当前重在落实。其次要统一标准。各信息收集统计责任单位要认真执行教育信息化标准，保证数据的口径、信息编码格式等方面的标准统一，以有利于信息共享和提高信息资源使用效率。最后要对接国际。一方面要尽快加入国际高等教育质量保证机构网络和亚太地区质量保障网络组织，获取境外高等教育机构的办学资质、教学质量等真实信息，及时向公众发布，为国内高校开展跨境高等教育合作，同时为学生留学申请或选择其他境外高等教育交流与合作项目提供准确及时的信息参考；另一方面要将国内高等教育的真实办学情况、人才培养特色、科研水平、政策环境等信息通过国际或区域组织的权威网络平台向世界发布，以展示中国高等教育的发展成就，加深世界对中国高等教育的了解，吸引更多国外高水平大学与中国高校开展合作，吸引更多的优秀学生到中国大学留学或参加各项交流活动。

二是要利用现代网络技术改造传统管理模式并完善高等教育信息公开制度，实现"高效透明"。"高效"就是利用现代网络技术推进高等教育管理和服务流程再造，除加强信息网站建设外，还应利用微博、微信等新兴网络工具，让公众能够随时随地获取相关信息。"透明"即打造"阳光管理"，推进管理的民主化和透明化。一方面要完善高等教育信息公开制度，制定实施细则，对相关信息的公开范围、决定权、期限、法律责任等作出详细的可操作的规定；另一方面要加强对高等教育信息公开的监督和激励，将信息公开工作列为高校评估的重要内容，督促教育管理部门和高校切实履行"公开为原则，不公开为例外"的要求，除了确属于国家秘密依法不予公开的信息之外，涉及高等教育招生办学资质、教师评聘、专业设置、教学质量、学生奖助学金、学生就业等方面的数据等信息都尽量详细公开。

参考文献

[1] 李慧．浅析高校学生管理工作信息化体系的构建 [J]．科技与创新,2022（17）:137-139．

[2] 聂志锋．智慧协同理念下高校学生工作信息化管理策略研究 [J]．吉林农业科技学院学报,2022,31（04）:32-35．

[3] 卢朝阳．大数据时代下高校学生管理工作的信息化改革建议 [J]．中国多媒体与网络教学学报（中旬刊）,2022（08）:153-156．

[4] 杨哲．信息化时代高校学生管理工作改革创新路径探索：评《"互联网＋"时代高校学生管理模式的变革与创新》[J]．中国科技论文,2022,17（06）:714．

[5] 李佰嵘．信息化时代高校辅导员学生管理工作建设 [J]．山西青年,2022(10):98-100．

[6] 刘果．信息化模式下高校学生思想政治教育管理研究 [J]．科教导刊,2022（14）:68-70．

[7] 林竞文,林隆雨．高校学生管理工作信息化改革的困境与路径 [J]．韶关学院学报,2022,43（05）:54-58．

[8] 杨珊珊．信息化视角下高校学生管理的创新路径：评《高校教育信息化管理与学生管理工作》[J]．中国科技论文,2022,17（04）:483．

[9] 赵寒梅．教育信息化在校园学风建设中的应用 [J]．电子技术,2022,51（02）:242-243．

[10] 梁婷婷．智慧协同理念下高校学生工作管理信息化探讨 [J]．山西青年,2022（03）:87-89．

[11] 刘肇萍,胡洪翠．大数据时代高校学生管理工作信息化建设现状与对策 [J]．产业与科技论坛,2022,21（04）:261-262．

[12] 李丹 . 高校"互联网 +"信息化平台建设探究：以微信公众号为例 [J]. 科技视界 ,2021（33）:144-145.

[13] 张伟明 . 大数据时代高校学生管理工作信息化建设现状及建议 [J]. 时代汽车 ,2021（21）:94-95.

[14] 王孟岩 , 王秀梅 . 大数据时代高校学生管理工作信息化建设现状及建议 [J]. 佳木斯职业学院学报 ,2021,37（11）:108-109.

[15] 邓妙卿 . 西安地区民办高校学生工作管理信息化研究 [D]. 西安：长安大学 ,2020.

[16] 张幸琪 . 中西部高校少数民族预科学生管理工作成效调研 [D]. 西安：陕西师范大学 ,2019.

[17] 王晓君 . 信息化背景下高校学生管理工作研究 [D]. 昆明：昆明理工大学 ,2015.

[18] 聂兆祥 . 高校学生工作部学生管理服务的信息化建设 [D]. 北京：电子科技大学 ,2010.